もっと使える！

# ジップロック®で暮らし上手

ジップロック®暮らし上手編集部

KADOKAWA

どこのおうちにもあるジップロック®。
料理や暮らしを提案する人気ブロガー、
インスタグラマーにも愛用者は多いのです。
今回、使いぶりを実際に見せていただいたのは11人。
食品の保存・冷蔵・冷凍、調理はもちろん、
家中で、お出かけにも。
コンテナーやバッグ類、それぞれを
適材適所で大活躍させています。

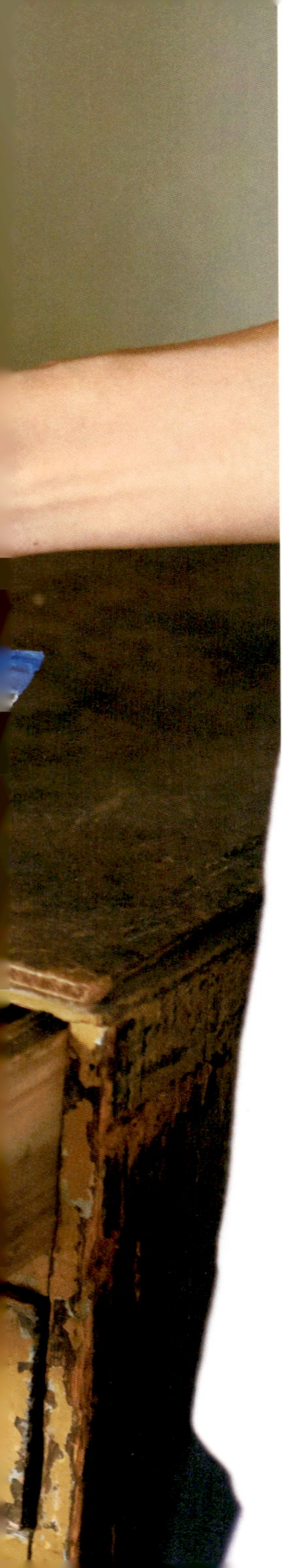

「中が見える、軽い、かさばらない」
ジップロック®の特性を生かして、
暮らしを快適にする使い方があります。

・台所→
食品の冷蔵・冷凍保存、調理。
乾物やお菓子などを常温保存でストック。

・いろいろなものの仕分けと収納→
衣服、アクセサリー、領収書、便箋と封筒、
文具、おもちゃ、マスク、蚊取り線香、ペット用品。

・おでかけ→旅じたく、おやつやお弁当、
折りたたみ傘、水着、運動ウエア、チケット、
旅で見つけた素敵なものetc.

CLOSED
Ziploc®
BRAND BAGS
WITH Easy Zipper

24時間、365日いろいろなシーンで、
おいしいものや大切なものを入れて使う。
ジップロック®の中身は暮らしそのものです。
もっと上手に使えば、毎日がラクに快適になります。
すぐにマネしたくなる、使い方事例をご紹介します。

Ziploc

もくじ

おうちにお邪魔して、冷蔵庫、クローゼット、
台所からリビングまで、いろいろ拝見。
あんなところでも、こんなふうに、
しっかり使いこなしています。
衣食住でマネしたい！
ジップロック®で今日から暮らし上手。

## ジップロック®の達人11人

# 極めつき愛用者、<br>それぞれの使い方

ジップロック®で初めて作った料理は肉じゃが。「味がよくしみておいしかったですよ」

キッチンもリビングもシンプル&シックなインテリアにしている山本さん。掃除が苦手なので、なるべく物を置かないようにしています。

# 達人no. 1

# 1つの容器で調理や味つけができるジップロック®は毎日のごはんの強い味方です

**料理コラムニスト**

## 山本ゆり（syunkon）さん

1986年生まれ。広告代理店の営業を経て結婚後、現在5歳と0歳の子どもを育てながらブログ、コラム執筆などメディアで活躍。学生時代から始めて8年目になるブログ「含み笑いのカフェごはん『syunkon』」はふつうの食材・調味料を使った簡単レシピが好評。著書に「syunkonカフェごはん（1〜5）」（宝島社）など。大阪府在住。

# 冷蔵庫拝見!

作りおきしたおかずや、料理して残った食材、下ごしらえした料理など何でもジップロック®に入れて冷蔵庫へ。「コンテナーは重ねられるので冷蔵庫の容量をムダなく使えて助かります」

→P18

→P18

下ごしらえした食材。どんなレシピになるかは各ページ〜を参照してください。

## 梅干し

袋入りのものはコンテナーに入れ替える。スタッキングできるので冷蔵庫内がごちゃごちゃするのを防げる。

## すいか

そのまま冷蔵庫に入れると崩れやすい果物類は切り分けてコンテナーに入れて保存する。鮮度キープ効果もある。

## 冷蔵庫の野菜室

使いきれなかった食材、薬味類も大小のコンテナーに入れて野菜室に保存。透明なので上から見ても中身がすぐわかるのがメリット。

**白菜**

野菜は時間がある時に適当な大きさに切って保存すると便利。

**残り野菜**

料理して余った野菜は1つのコンテナーに。次に使う時、ひとまとめになっているので便利。

**ねぎ**

小口切りしたねぎは正方形130mlのコンテナーに入れて保存。小さいけれど高さがあり容量たっぷり。

**にんにく&しょうが**

一緒に使うことが多いので同じコンテナーに入れておく。臭いが移らないようにラップでくるんで保存。

## 調味料を入れ替えて

調味料はコンテナーに入れ替えてコンロ脇の一番上の引き出しに。離乳食を作るので料理にとろみをつけるかたくり粉はさっと出せる場所に置いておく。

**よく使う調味料は取り出しやすい場所に**

高さが出ないので引き出しに入れやすい。「コンテナー正方形130mℓは小さいのにたくさん入る感じがすごいですね」

塩　片くり粉

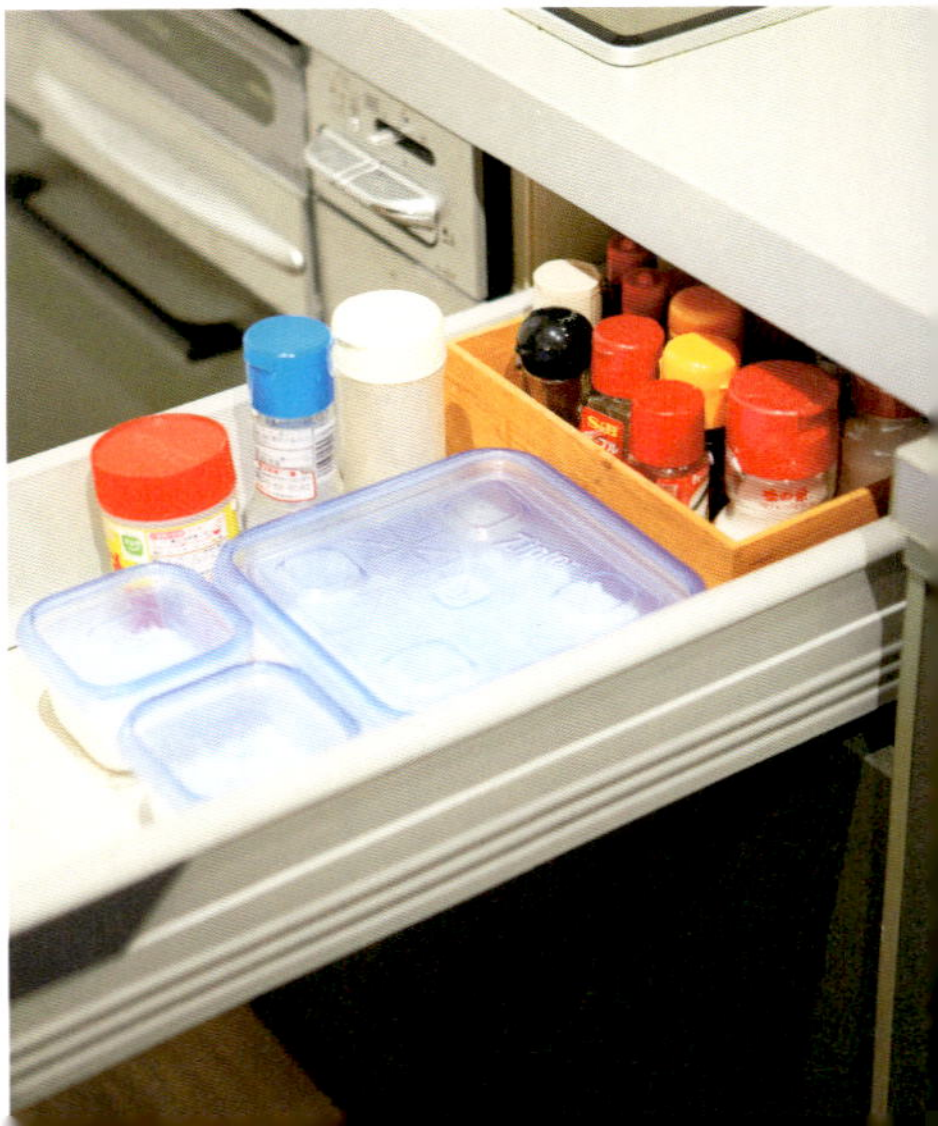

### 離乳食入れに

離乳食作り中の山本さん。作った離乳食はコンテナー（正方形130ml）に小分けし、冷凍しておく。「食べる時はそのままレンジで解凍できるので便利。出かける時もコンテナーに入れて持っていくと食べさせやすいです」

## こんな時にもジップロック®はとっても便利

### 器入れに

小さい器は引き出しにそのまま入れると見失ったり壊れたりしがちなので、コンテナーに入れて収納。

### おやつはフリーザーバッグにセット

休日に家族でお出かけする時は子ども用のお食事グッズをフリーザーバッグにひとまとめ。子ども用おせんべい、カトラリー、粉ミルク（スティック）、スタイ、ポリ袋を入れて。

山本さんのレシピはどこにでもある材料を使ってラクにできるのが特徴。「いつも無言でご飯を食べる夫が、『おいしい！』って言いました」という声が寄せられるなど、その味は25万ブロガーから絶大の人気を得ています。

「ジップロック®は気がついた時には使ってた感じ」という山本さん、材料をコンテナーの中で混ぜたり、加熱したりと調理器具としても活用しています。「加熱ムラがなく中まで火がしっかり通るのがいいですね」。

最近、注目しているのが130mlのコンテナー。「小さいのにたくさん入るので、もっと使っていきたいですね」。

簡単&おいしい
山本ゆりさんの
ジップロック®レシピ

## 鶏肉とじゃがいもの
## マスタードしょうゆ

コンテナーに材料をすべて入れ、中で味つけして電子レンジにかけるだけの簡単レシピ。できたては味が染みていませんが、一度冷ますとよく染みます。翌日もおいしいので作りおきにも。

材料（2人分）
鶏もも肉……1枚（250g）
塩、こしょう……各少々
じゃがいも……1個（120g）
玉ねぎ……1／4個（50g）
**A** しょうゆ、みりん、酒、
　粒マスタード……各大さじ1
　砂糖……大さじ1／2
あればドライパセリ……適量

作り方
**1** 鶏肉は小さめのひと口大に切り、塩、こしょうをふる。じゃがいもは5mmの厚さに、玉ねぎは薄切りにする。
**2** ジップロック®コンテナー（正方形1100ml）に鶏肉、玉ねぎ、じゃがいもの順にいれ、混ぜ合わせたAを回しかける。蓋を斜めにずらして乗せ、電子レンジ（600w）で8〜9分加熱する。
**3** よく混ぜて器に盛り、あればパセリをふる。

鶏もも肉

じゃがいも、玉ねぎ

できあがり

## スパゲティサラダ

ジップロック®コンテナー1つで麺をゆでで、味つけもしてしまうという、楽々レシピ。洗いものを極力避け、後片づけの手間が最小限に抑えられます。辛子の量は好みで調節して。

材料（2人分）
スパゲティの麺（サラダ用）……50g
塩……少々
きゅうり……1／3本
ハム……1枚
玉ねぎ……1／8個
サラダ油……小さじ1
水……200ml
**A** 砂糖、酢……各小さじ1
練り辛子……少々
マヨネーズ……大さじ1強

作り方
**1** ジップロック®コンテナー（正方形700ml）にスパゲティを斜めに入れ、水200mlを注ぐ。塩を加え、スパゲティの袋に表示してあるゆで時間に1分プラスした時間、電子レンジで加熱し、ざるにあけて流水で冷ます。再びコンテナーに戻し、麺がつかないように油を加えてあえる。
**2** きゅうり、玉ねぎは薄切りにして塩もみする。ハムは細切りにする。
**3** **1**に**2**を加え、**A**であえる。

／スパゲティサラダ＼

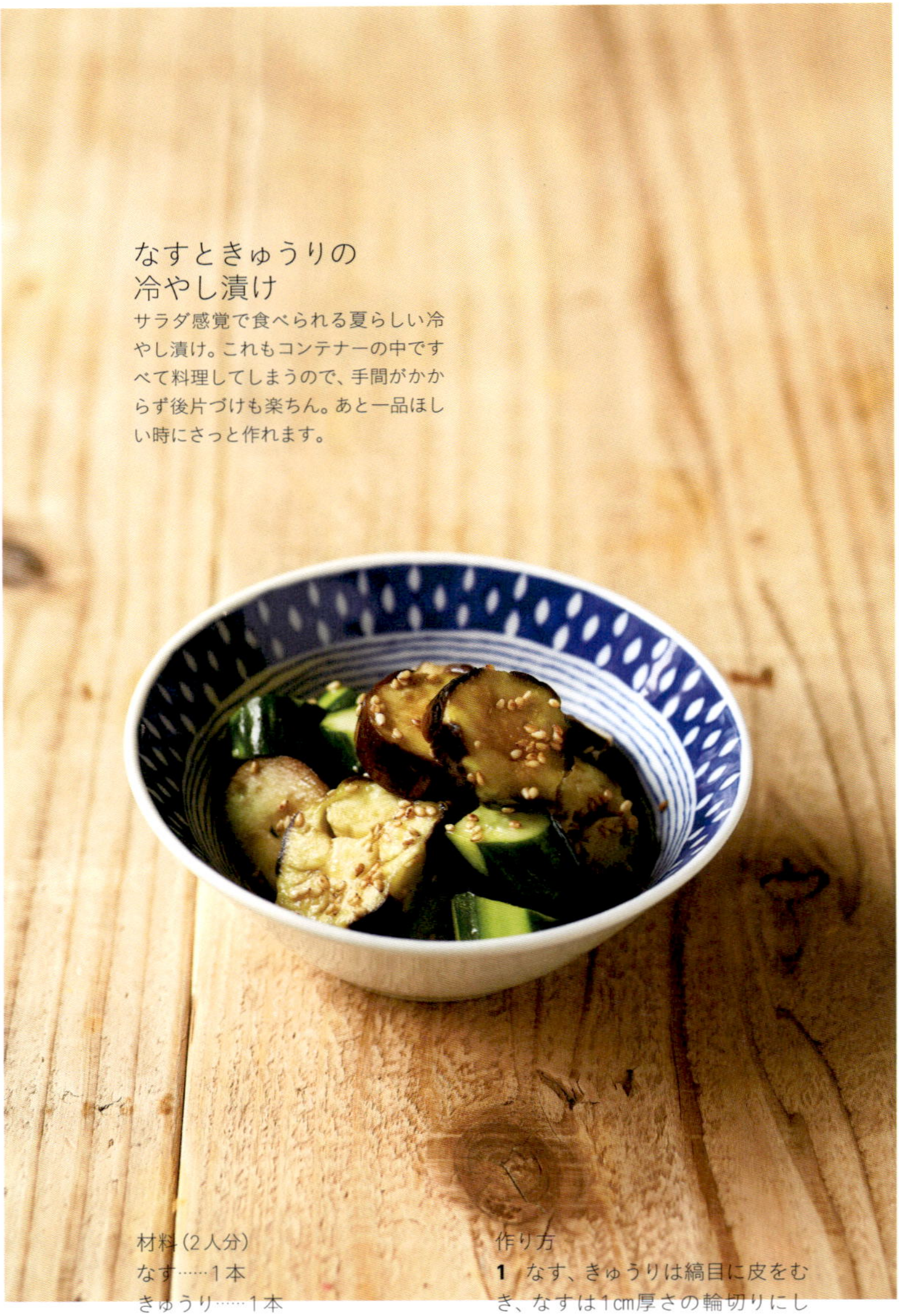

# なすときゅうりの冷やし漬け

サラダ感覚で食べられる夏らしい冷やし漬け。これもコンテナーの中ですべて料理してしまうので、手間がかからず後片づけも楽ちん。あと一品ほしい時にさっと作れます。

材料（2人分）
なす……1本
きゅうり……1本
水……大さじ1
**A** しょうゆ、酢、砂糖……各大さじ1
白炒りごま、ごま油……各小さじ1
好みでラー油……適量

作り方
**1** なす、きゅうりは縞目に皮をむき、なすは1cm厚さの輪切りにして水にさらす。きゅうりは乱切りにする。
**2** ジップロック®コンテナー（正方形700ml）になすを入れて水をふり、蓋を斜めにずらして乗せ、電子レンジで約2分加熱する。
**3** 混ぜ合わせた**A**、きゅうりを加えてあえ、冷蔵庫で冷やす。

## ふわふわ
## かぼちゃムース

デザート作りもジップロック®を使えば簡単＆楽々。材料を加熱する用と、ゼラチンを溶かす用の大小2つのコンテナーを使って、ふんわりムースを手軽に作る方法をご紹介します。

材料（4個分）

かぼちゃ……1／8個（正味120g）
水……50ml
粉ゼラチン……5g
水……大さじ3
砂糖……大さじ4
牛乳……大さじ2
生クリーム……100ml
バニラエッセンスまたはラム酒……適量
あれば飾り用ホイップクリーム、インスタントコーヒーの粉……各適量

作り方

**1** かぼちゃは種とワタと皮を取って4〜5mm厚さに切り、ジップロック®コンテナー（正方形700ml）に入れる。水（50ml）を加え、蓋を斜めにずらして乗せ、電子レンジで約2分30秒加熱する。水を捨ててフォークの背を使ってつぶし、砂糖、牛乳を加え、よく混ぜる。

**2** ジップロック®コンテナー（正方形130ml）に水（大さじ3）を入れ、ゼラチンをふり入れてふやかす。電子レンジで20秒加熱し、**1**に加えてよく混ぜる。

**3** 別のボウルに生クリームを入れて7分立てにする。**2**を生クリームのボウルに加えてゴムべらで底からよく混ぜ、再びコンテナーに戻す。冷蔵庫で1時間以上冷やし固める。

**4** すくって器に盛り、あればホイップクリームをのせ、コーヒーの粉をふる。

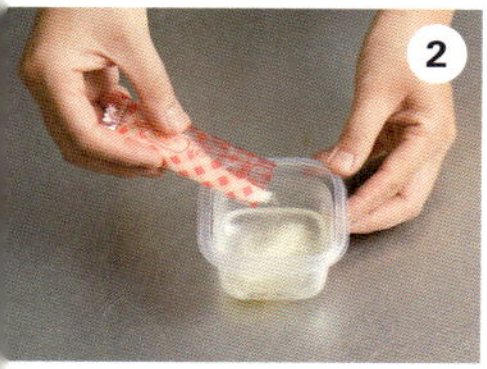

ゼラチンが入ったかぼちゃペーストを混ぜて

クローゼットは
開けても整然！

中里さんのクローゼット。オン・オフの服やバッグ、アクセサリー、仕事関係の書類もここに収納している。

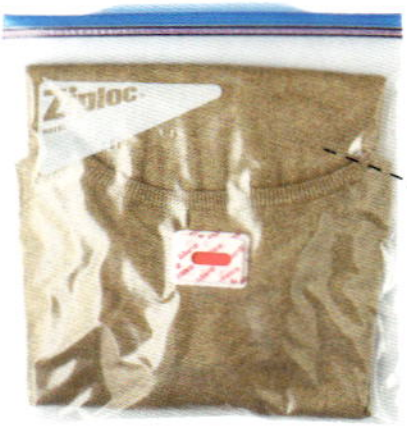

**セーターの防虫に**

お気に入りのセーターは1枚ずつフリーザーバッグに防虫剤と一緒に入れてから収納。

達人no. 2

# クローゼットから玄関まで、ジップロック®で家族全員が〝見える〟収納

**ライフオーガナイザー**

## 中里裕子さん

毎日をラクに楽しく過ごし、自分自身も輝くための提案をブログやメディアで発信している。収納、ファッション、メーク、暮らし方など暮らし全般について随時、講座を開講、個人レッスンもしている。特に、クローゼット収納のノウハウを伝えるクローゼットオーガナイザーとして活躍。日本ライフオーガナイザー協会認定トレーナー。滋賀県在住。

## 小物は引き出しに

オフシーズンの衣類、小物類は引き出しに収納。アイテムごとに引き出し収納し、さらに種類別にフリーザーバッグで収納。

## 「服＋アクセサリー」セットで慌てず外出

外出時のコーデは前もってセットしておくと外出間際になって慌てない。アクセ、スカーフはフリーザーバッグに入れてハンガーと一緒に吊るしておく。

**アクセ類は1つにまとめて**

スカーフとネックレス、ブレスレットをまとめて入れ、オープンタブに穴をあけひもを通して結び、ハンガーにかける。

**デニール別収納がおすすめ！**

タイツは色別、デニール別に分けてストックバッグに収納。デニール別に分けておくと使う時に迷わない。

クローゼットの扉を閉めたところ

20、30代に過ごしたアメリカなどでの生活で、家は自分らしさを出す場所と感じた中里さん。「クローゼットはその人自身、リビングはその家族を表していると思います」という言葉には深い生活哲学が感じられます。

中里家では家中のものをジップロック®で分類・収納。中里家がすっきり片づいているのは、物を細かく分類して見えるように収納しているから。「どこに何があるか家族全員が把握していれば、使った後、戻しやすいですよ」。

ジップロック®のデザイン性にも注目。「ものを入れたまま外に持ち出してもスマートなデザインがいいですね」。

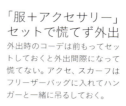

# キャリーケース

仕事関係の服や化粧品、
何でもジップロック®で整理整頓

**スカーフなど**

カラーコーディネートのレッスンに必要なスカーフもまとめてイージージッパーに。

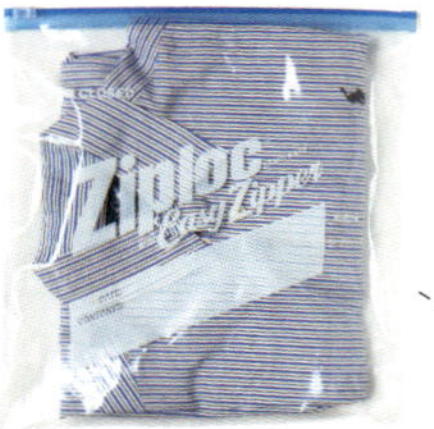


**シャツ**

コーデレッスンで使う服は１点ずつイージージッパーに入れてセット。

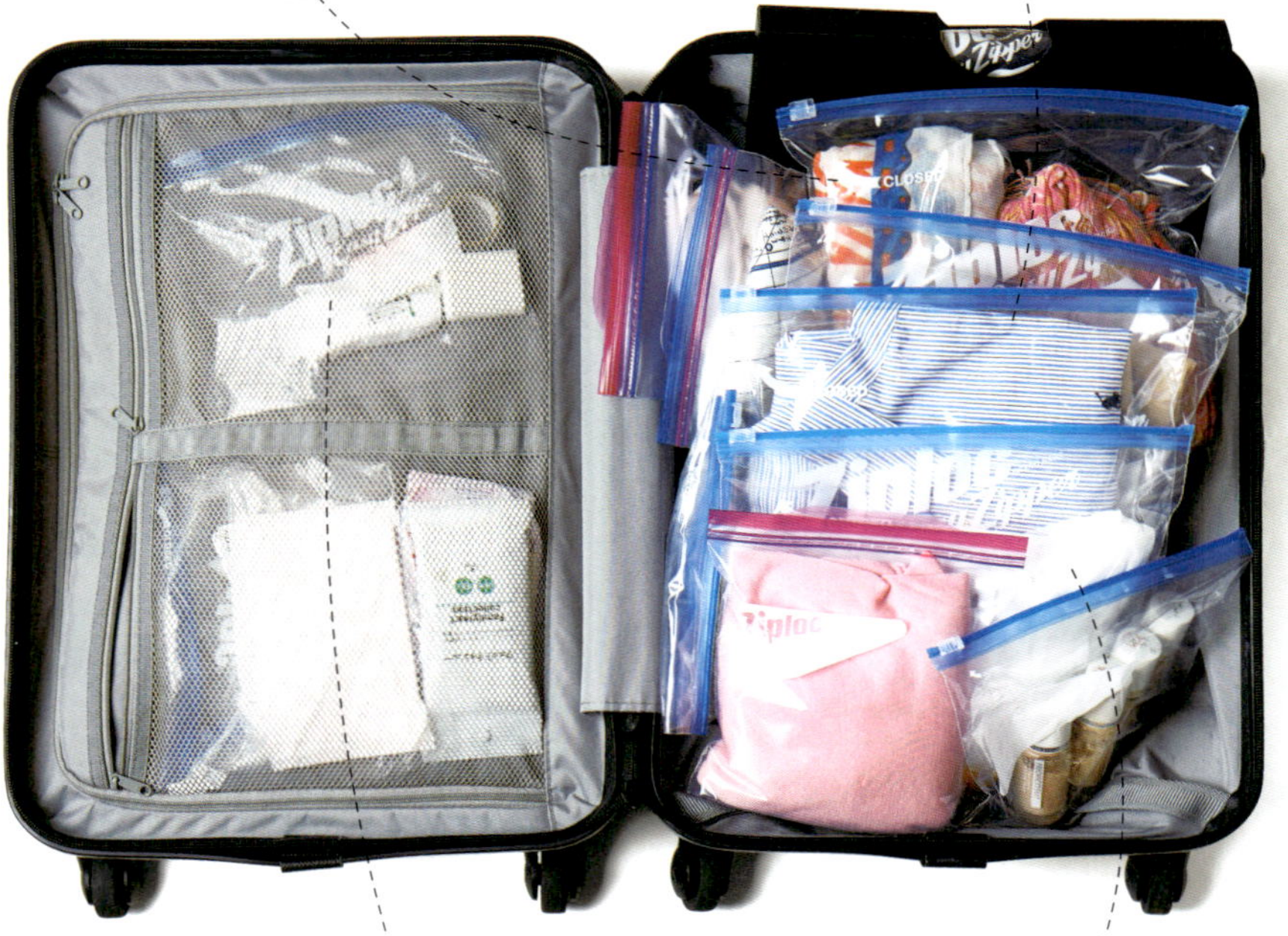


## 何が入っているか一目瞭然のジップロック® 収納

関西を中心に暮らしの講座を開いている中里さん。外での講座では服やアクセサリー、化粧品から書類、文具まで多種多様の仕事グッズが必要。用途別に分類してジップロック®に入れれば準備がラク。何がどこに入っているか一目でわかるので取り出しやすさも抜群。この収納ワザは出張や旅行時の準備にも使える。

**付箋、テープ、コードもひとまとめ**

レッスンに使う文具やパソコンの接続コードなど忘れてはいけないものは1つにまとめてキャリーケースに常備。

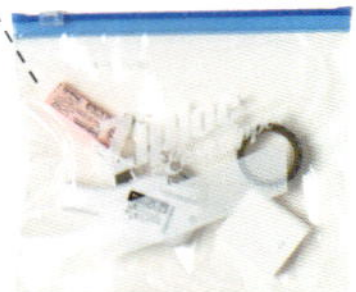

**コットン**

メークレッスンのために化粧水やクレンジングも必要。レッスンの直前にコットンに浸して小さいフリーザーバッグに入れておく。

# デスク周り

庭が見える窓際にデスクを置いて仕事をしている。デスク周辺は白を基調にしたクリーンなイメージ。

## 「いいな」と思ったら即、ジップロック®収納

仕事の参考になる雑誌の記事はすぐに切り抜いてイージージッパーに。「とっておいたのにいつの間にかどこかに行ってしまった」というありがちなミスを防げます。

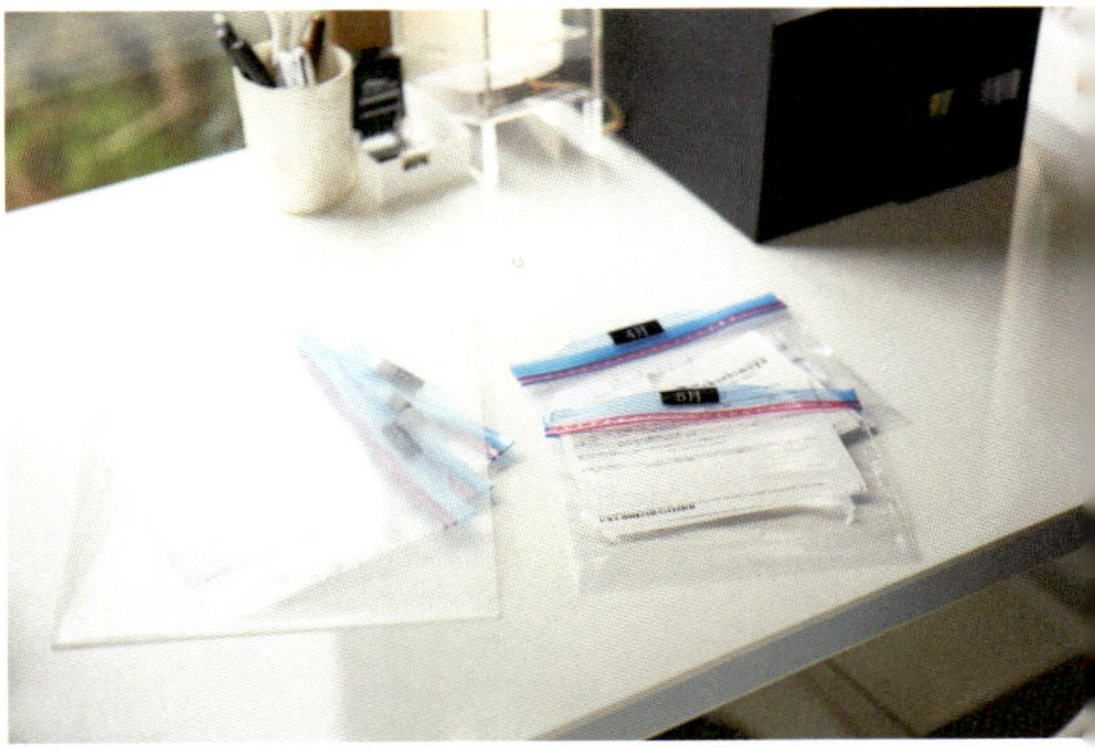

## 書類は月別に分類

紛失しやすい領収書は月別にフリーザーバッグに入れ、テプラーで印字して貼り、クリアホルーダーに入れて立てかけ収納。

**色鉛筆**

色鉛筆も仕事上のマストアイテム。箱に入れておくよりイージージッパーに入れるほうがかさばらない。

**ダブルクリップ**

袋に入れて引き出しに収納。必要な時にどこにでも持ち歩けるのがメリット。

# キッチン

密閉容器として食材の保存だけでなく、キャニスターとして使うなども。

**キッチン棚**

オープンキッチンなのでフルーツやこだわりの調理器具を置いて見せる収納。ちょっと見えるスクリューロックの蓋がかわいい。

## お菓子はカラフルなスクリューロックに

キャラクター付きのカラフルなスクリューロックにはキャンディやチョコレートなどお菓子を入れて楽しく。器に入れ替えなくてもこのまま食卓に出せるので手間いらず。

## ジップロック®は大きさごとに分類

ジップロックは大きさ別にグラスに入れ、キッチンカウンター下のかごに収納。適当な大きさに切った昆布もイージージッパーに入れてここへ。

大きさ、種類別に分類して取り出しやすいように巻いてグラスにイン！

**だし昆布**

使いやすい大きさに切っただし昆布はイージージッパーで密閉保存すると湿気ない。

# ユーティリティコーナー

オープン棚に掃除グッズなどを収納。

**ぞうきん**

スチームクリーナー用のぞうきんをイージージッパーに入れ替えて。

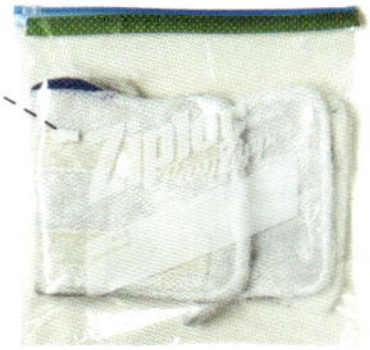

**お掃除ロボ、ブラーバのぞうきん**

掃除にアイロボット社の床拭きロボット「ブラーバ」を使っている。付属のぞうきんはイージージッパーに入れ替えてここを定位置に。

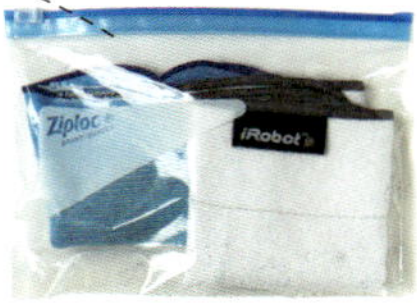


**クイックルワイパーシート**

ウエットタイプのシートも密閉されているので乾かない。移し替えるとカサが減って収納しやすい。

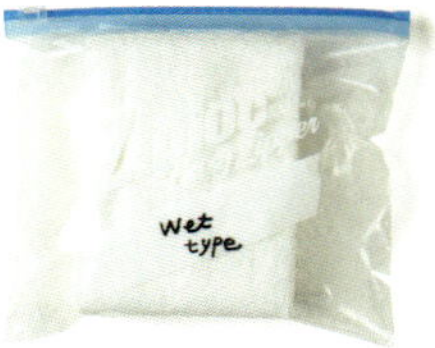


**ステンレスタワシ**

カサばる箱から入れ替えてイージージッパーで保存。残りの個数も一目瞭然。

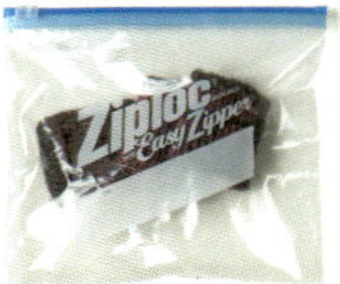


**冬のお出かけセット**

冬は風邪予防に家族全員、外出時にマスクが必携。ティッシュ、カイロと一緒にセットしておくとすぐに出かけられる。

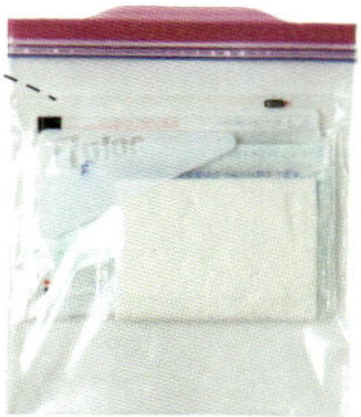

リビングやキッチンの収納をカバーするため、キッチン横に設置した棚。パーツを選んで組み立てられるエレクター社製の棚に箱を置き、掃除グッズや家族のお出かけ用品をセットしている。「収納をカバーするための苦肉の策が意外な効果を発揮しています」

**子どもの合宿セット**

合宿に出かけることが多い中里家の子どもたち。シートやごみ袋など必ず必要なものをまとめておき、リュックと一緒にしておく。1つ1つ探す時間を大幅短縮！

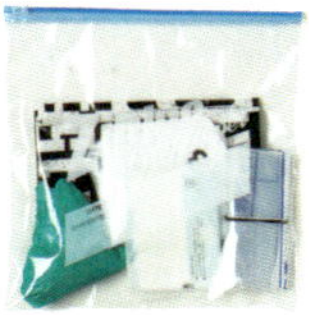

**シェルボールとかご**

洗剤をジェルボールに替えた中里さん。箱から出してイージーシッパーに入れ替え、ビニール製のかごに入れて洗濯機の脇に置いておく。「このシステムを取り入れてから家族が自分で洗濯をするようになりました」

# リビング

家族が集まるリビングには皆がよく使うものを、取り出しやすく整理収納。

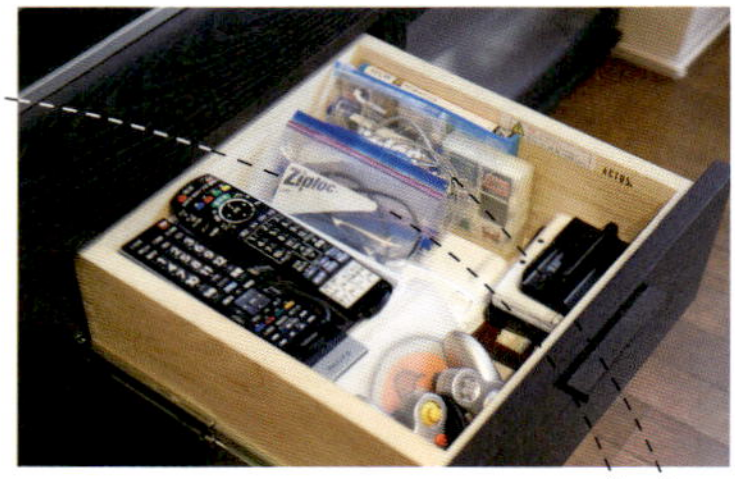


## ゲームのコード類はイージージッパーに入れて忘れ物知らず

リモコン、テレビゲーム機とソフトもここに。使い終わったらすぐしまえる場所を定位置にするのが整理整頓のコツ。

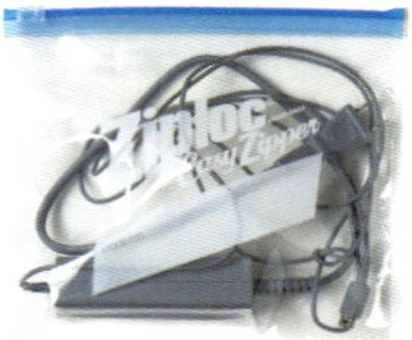

**ゲーム機のコード**

イージージッパーに1つずつ入れる。友だちの家など外に持ち出すことが多いが入れ物を作っておくことで忘れ物防止に。

## テレビボード下の収納には近くで使う物を集中収納！

ソファで使うグッズやリビングに続く庭で使う物、子どもたちのゲーム機器など近くで使う物はここに収納して取り出しやすく。

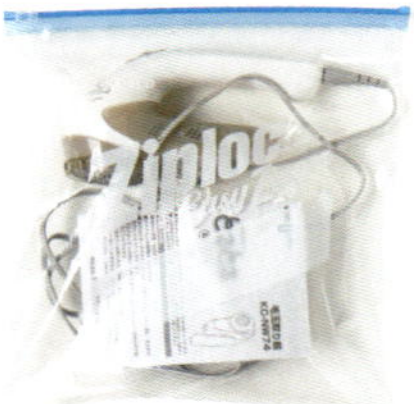

**毛玉取り器**

ソファが近いのでソファの毛玉取りはここに置くとすぐ取れる。

**ペット用品**

ペット用品は臭いが気になるのでしっかり密閉できる袋が最適。

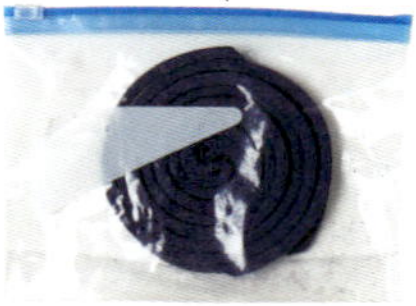

**蚊取り線香**

蚊取り線香はここが定位置。湿気ない。取り出しやすい。

オープンキッチンに続く白と茶をベースにした落ち着いた雰囲気のリビング。キッチンカウンターの下に収納庫を置いて収納力も確保。

**キッチンカウンター下収納**

キッチンカウンター下に広い引き出しがある収納たんすを設置。ものをジップロック®で細かく分類して置き場所を決めているので、家族全員、ものを探す時間が少なくてすむ。

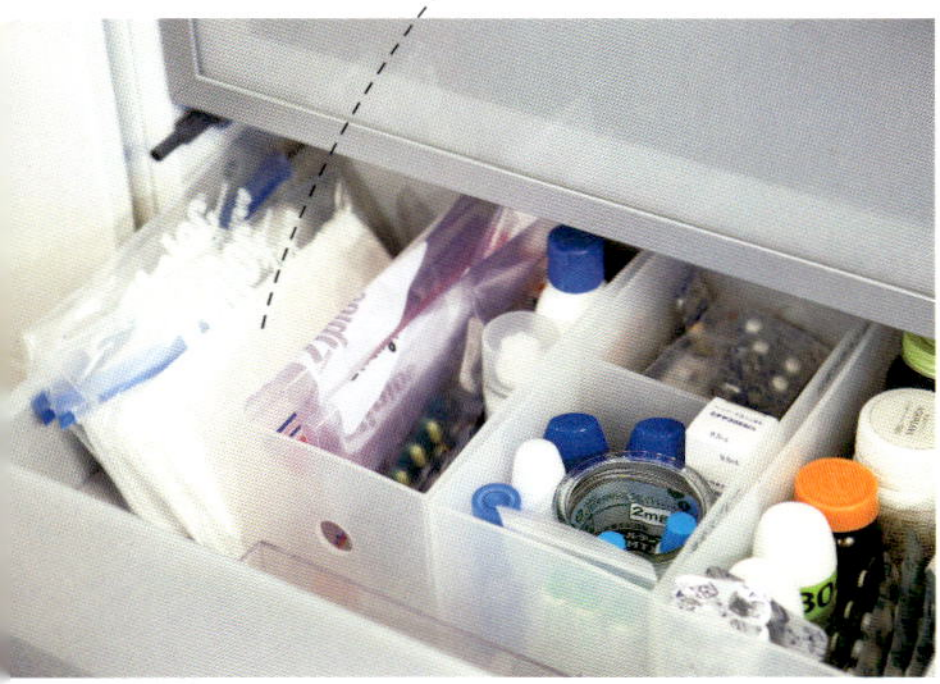

## 1つの引き出しをまるまる薬箱に

育ち盛りの男子3人がいて薬やマスクなどが必要になることが多い中里家。広い引き出しを1つ薬箱に充てている。透明な袋に入れることで何が入っているのかすぐわかる。

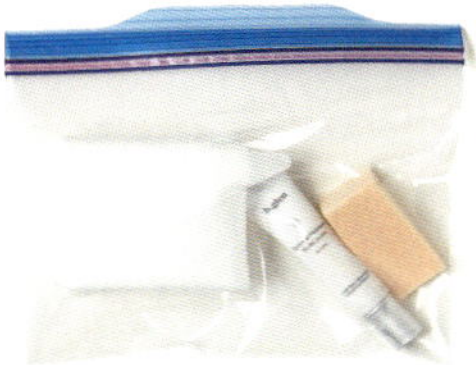

**薬は1つに1袋が原則**

外から中身が見えるので探さずにすむ。必ず処方箋を一緒に入れるのがポイント。

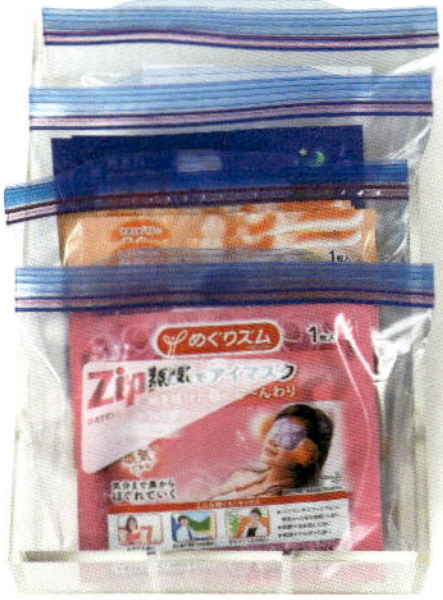


## 入れ替えて減量化

保湿パックや温熱シートは購入したら箱から出し種類別に分けてフリーザーバッグに入れ替える。色が統一されて見やすく、カサも減るので場所を取らずスッキリ収納できる。

## 暮らしに必要な雑貨類はキッチンカウンター下収納

カメラや充電コードなどの付属品はイージージッパーに入れておくと必要な時にすぐ取り出せ、中が見えるので家族全員が場所を把握できる。

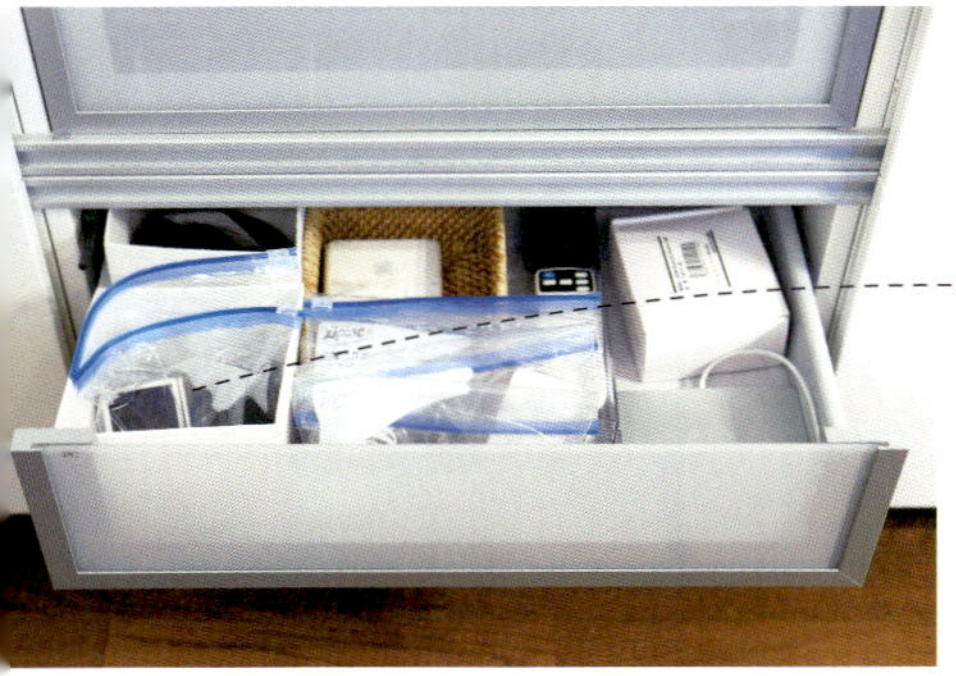

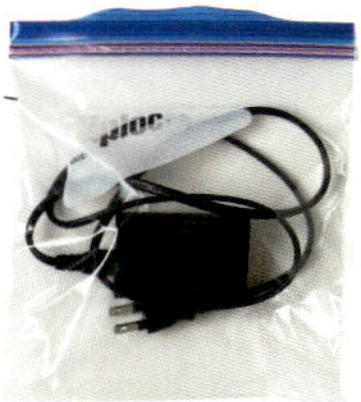

**カメラの充電コード**

使う時に探すものの1つ。必ずカメラ本体の近くを定位置に。

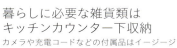

# 玄関

5人の靴を収納する中里家の
シューズケース。
シーズンオフの靴は1足ずつ
袋に入れて箱に収納。

**靴**
オフシーズンの靴は袋に入れて靴箱の高い場所に収納する。湿気ないように。

**スリッパ**
子どもたちの学校に行く時に必要なスリッパは袋に入れてこのまま持参する。「ジップロック®はデザインがスマートなので外に持っていっても違和感がありませんね」

## 玄関収納

靴磨きや荷造り用品を入れるケース。使い残した花火もここへ。

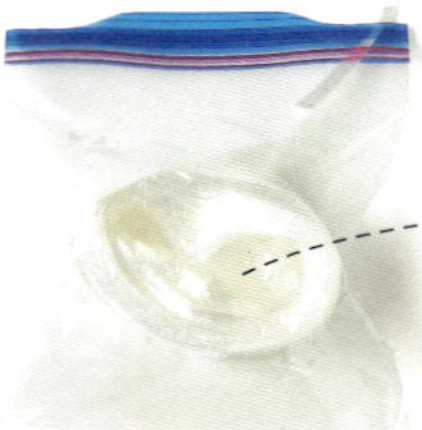

**麻ひも、ビニールひも**
ジッパーの端から先端を少し出しておくと、荷造りする時にひもが絡まることがない。

# この手があった！すぐマネしたいジップロック®アイデア

整理収納に使うだけでなく、こんな使い方も。中里さんの目からウロコの工夫を紹介します。

## たいせつな書類をファイル

コンサートのチケットやチラシ、旅の思い出の品などたいせつに残しておきたい書類はフリーザーバッグに入れて本体の横を穴あけパンチで穴を開けてファイルに綴じる。中里さんのご自慢アイディア。直接穴開けパンチを使うと本体が伸びて開けにくいので、厚紙で本体を挟んで穴を開ける。開けた後は「とじ穴補強シール」を貼ると崩れない。

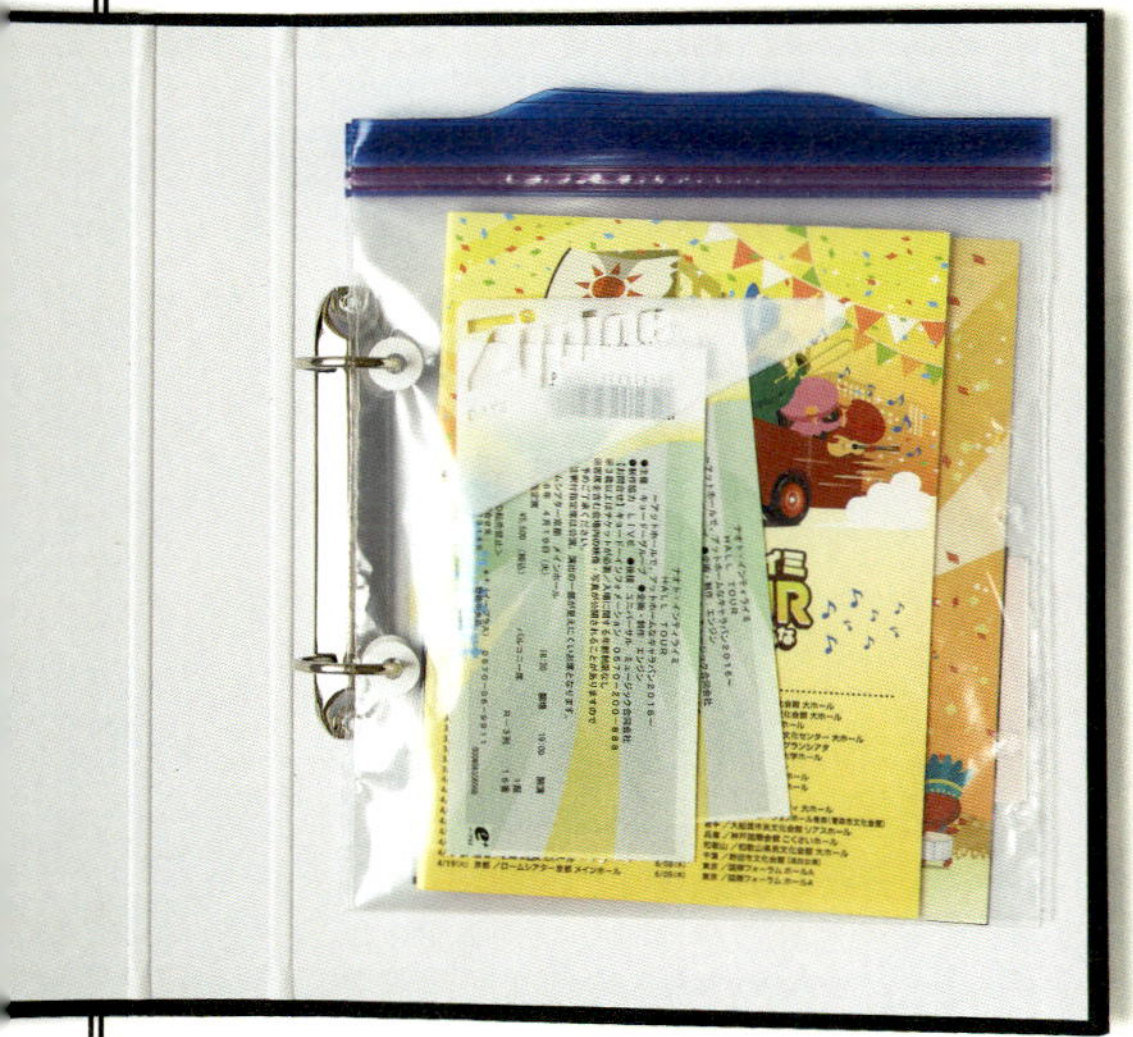

## 保冷材にもなるぬれタオル

ハンドタオルをぬらしてシーブリーズ（清涼化粧水）を回しかけ、イージージッパーに入れ冷凍。外出する時持っていくと冷たいおしぼりに。夏は子どもたちのお弁当といっしょにしておくと保冷材としても役立つ。

## 来年の夏まで花火をキープ

使い残した花火は翌年になると湿気て使えなくなってしまっているもの。イージージッパーで乾燥剤といっしょに保管しておくと翌年の夏も楽しめる。

## 会計グッズをひとまとめしてお財布代わりにも

レッスン料など仕事先で現金のやり取りをすることが多い中里さんは、領収書、印鑑、ボールペン、付箋、釣銭をイージージッパーにひとまとめ。この方法、学校の行事などで会計する時にも役立ちそう。

ご主人ともども白が好きなのでインテリアの基本カラーは白。キッチン用品も白系で揃えている。

植物など好きなものを並べた棚。市販品を使って押ピンで留めて設置した。

## 達人no. 3

# 大事にしたい家族との時間。ゆとりをつくる暮らしの工夫を楽しんでいます

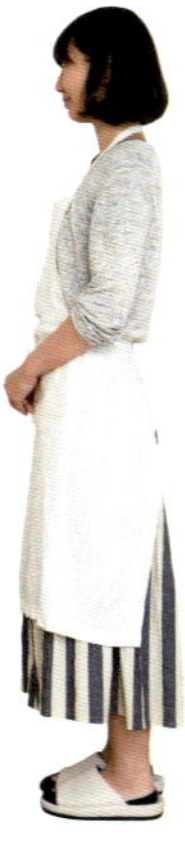

**インスタグラマー**

### おさよ（osayosan34）さん

1985年生まれ。夫と小1の男の子、幼稚園年少組の女の子の4人家族。結婚後、心地よくラクにできる整理収納法などを勉強し始める。現在、暮らしの工夫をosayosan34としてインスタグラムにアップしている。シンプルで清潔感のある生活スタイルが好評。福岡県在住。

「お風呂から上がったら着るもの」をひとまとめに。子どもが探さない工夫！

Tシャツとパンツをセット。くつ下、ティッシュなど身に着けるものをいっしょに入れると迷わない。

大好きなお菓子を入れて。お泊り気分が盛り上がる〜♪

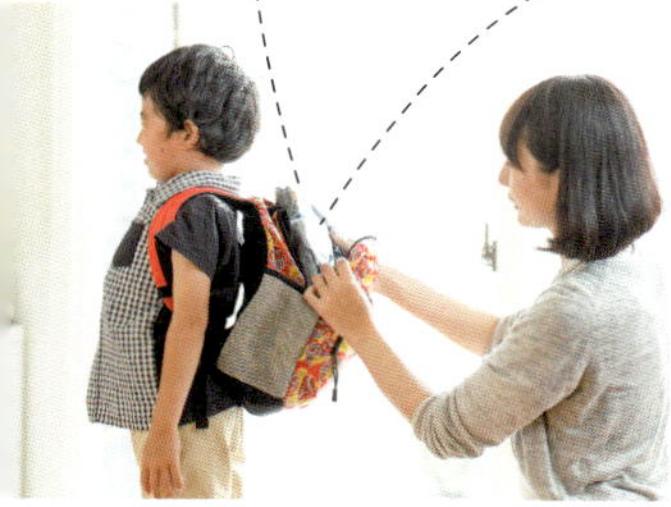

## お泊り、楽しみ！

大好きなおじいちゃん、おばあちゃんのおうちにお泊りするのがとても楽しみ。着替えと下着＆パジャマをセットしてリュックに入れておけば1人でお着換えできる。

おさよさんが暮らしに工夫を凝らす理由、それはたいせつな人との時間をたっぷり取りたいから。「手間をかけない工夫をしたら子どもと遊ぶ時間が増え、夫ともゆっくりおしゃべりする時間もできて嬉しかったので、また、新しい方法を考え続けてここまで来ました」と言います。

シンプルな暮らしをめざすおさよさんにとってジップロック®は整理収納の強い味方。

「ものをどう分類して収納しようか迷っても、とりあえずジップロック®に入れれば即、収納が完成するからうれしいです。開け閉めがスムーズだし、種類やサイズも豊富なので、今後もいろいろ試してみたいですね」

# リビング

ご主人の提案でテレビは壁にかけ、リビングをスッキリさせた。

テレビの下のボードにはカメラなどを収納。収納したら必ずラベリングする。

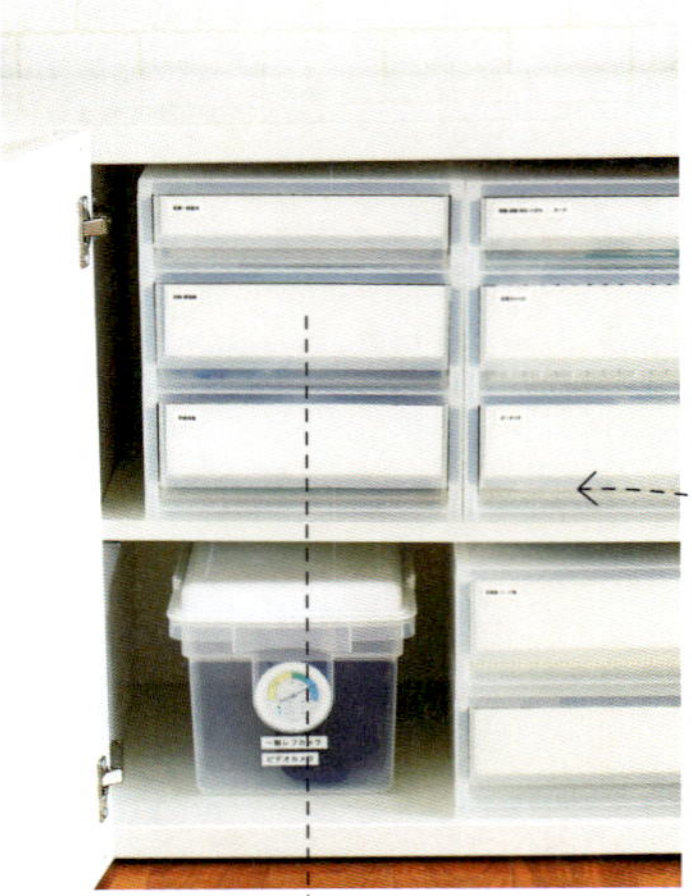

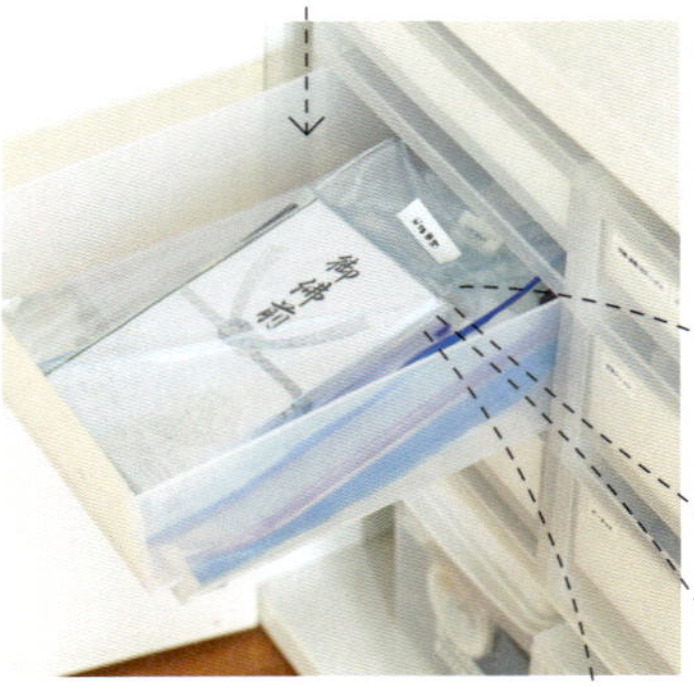

## 紙類はフリーザーバッグで小分け

よく使う紙類はここが定位置。さらに種類別にフリーザーバッグで分類。

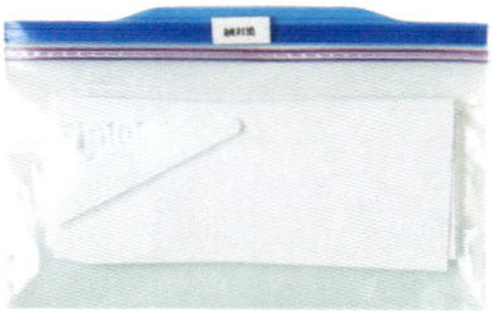

**封筒**

封筒もまとめて。内容を書いたマステをオープンタブに貼る。

**のし袋**

冠婚葬祭用ののし袋をまとめて。筆ペンもいっしょに入れておくと1アクションですむ。

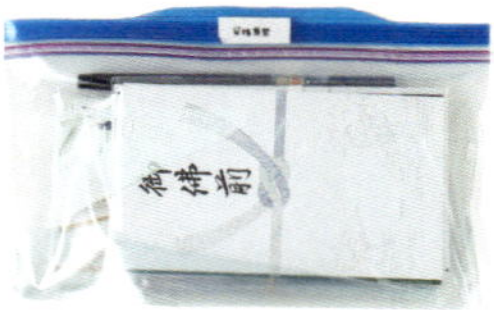

**ラッピンググッズ**

無くしやすい小さい紙類も安心。

**お手紙セット**

カードと封筒が同じ場所にあるとラク。

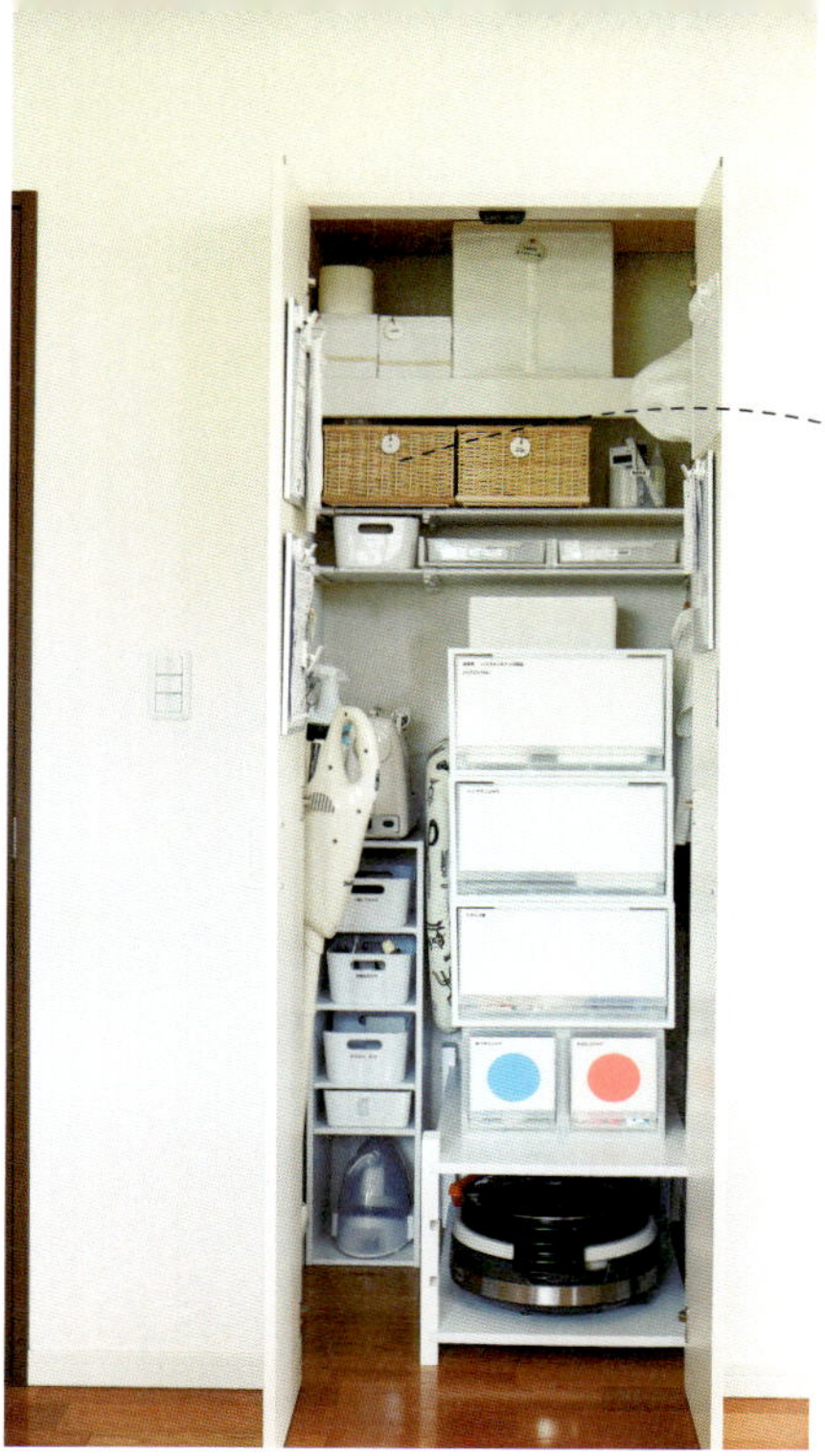

## リビングのもの入れ

掃除用具などが入っているリビングの一角の収納。ここでも種類別に分類➡収納➡ラベリングが基本セオリー。

## タグで一目瞭然

「お薬」と書いたタグは牛乳パックを丸く切って穴をあけひもをつけて作成。

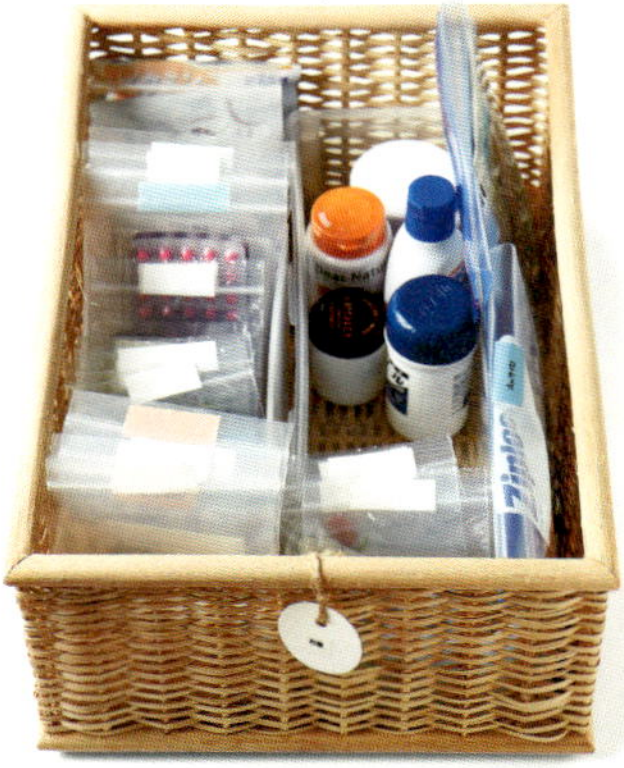

**薬かご**

籐のかごに薬を種類ごとに小さい密閉袋に入れてラベルを貼る。「必ず処方箋といっしょに入れるのがポイント」

**ソファの下**

籐かごにタグをつける方法はこんな場所にも。ソファの下がおもちゃ入れに。これなら片付けもすいすい。

**使い捨てカイロ**

冷却シートのお隣に立てかけて収納。

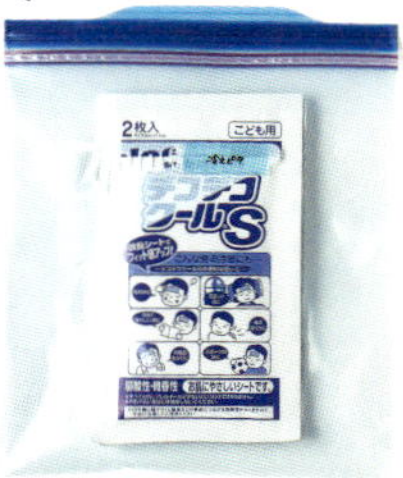

**冷却シート**

発熱時の冷却シートはフリーザーバッグに入れかごの脇部分を定位置に。緊急時に即、対応できる。

# 洗面所・ユーティリティスペース

**収納ケースにひとまとめ**

用途別にケースに入れ、棚の上に。取り出しやすいよう粘着フックを利用して引き手に。

**ユーティリティスペース**

脱衣所と洗面所兼ユーテリティルームも白を基調に。いろいろな形状と色の生活用品は棚の上に収納。

**使い捨て手袋**

拭き掃除などの時に使う薄手の手袋はフリーザーバッグに入れて。

**軍手**

DIYが好きなおさよさん、軍手は必需品。外作業用のしっかりした軍手をひとまとめに。

**洗濯機の上**

洗剤類は洗濯機近くに棚をつくり並べている。洗剤のパッケージはインパクトがあり色味も多くなりがちなので別ボトルに詰め替えたりシールをはがして同系色で統一すると場が落ち着く。

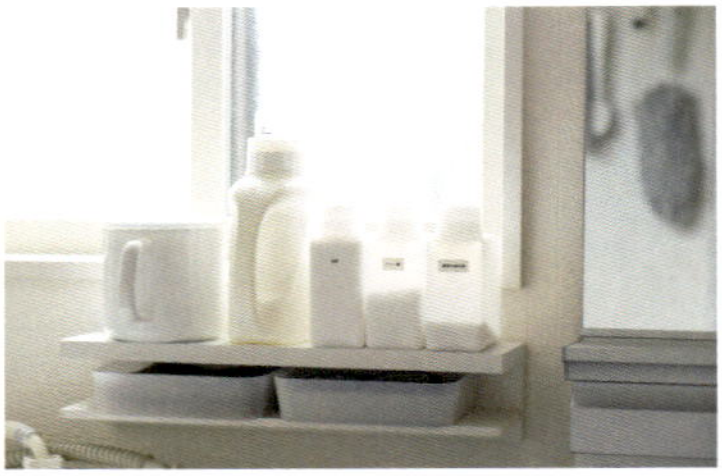

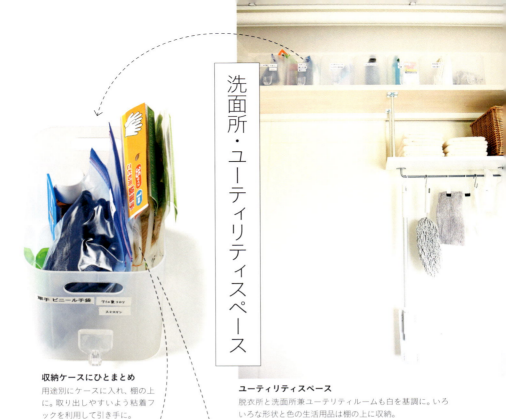

# おさよさんのジップロック®の収納法

おさよさんはジップロック®をシンク下に丸めて収納しています。サイズ別、新しいものと1度使用したものは分けて入れています。間仕切りは牛乳パックを切って利用したもの。ダブルクリップの背にサイズなどを書いたマステを貼ると一目瞭然！

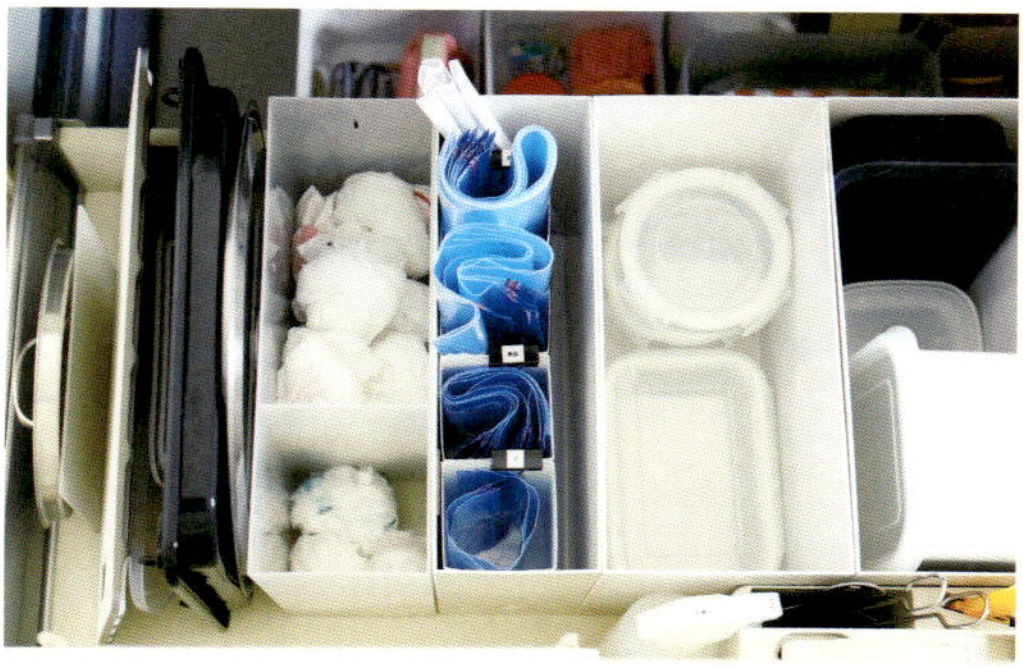

シンク下の引き出し。ジップロック®は、小さく結んだレジ袋、まな板、オーブンの天板などを一緒に整然と入っている。

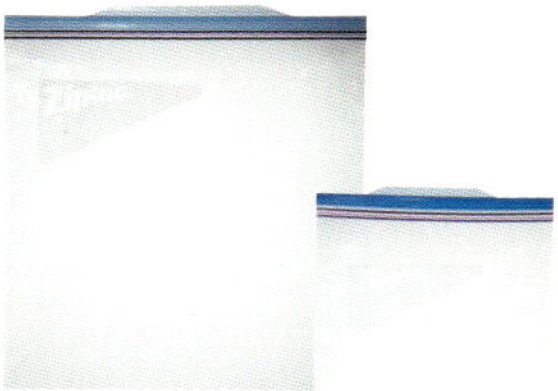

**フリーザバッグ**

おさよさんはフリーザバッグを特に愛用。いろいろなサイズを使い分けている。

使用したフリーザバッグにはマーカーで★印をつけておくと、新しいものとの区別がつく。

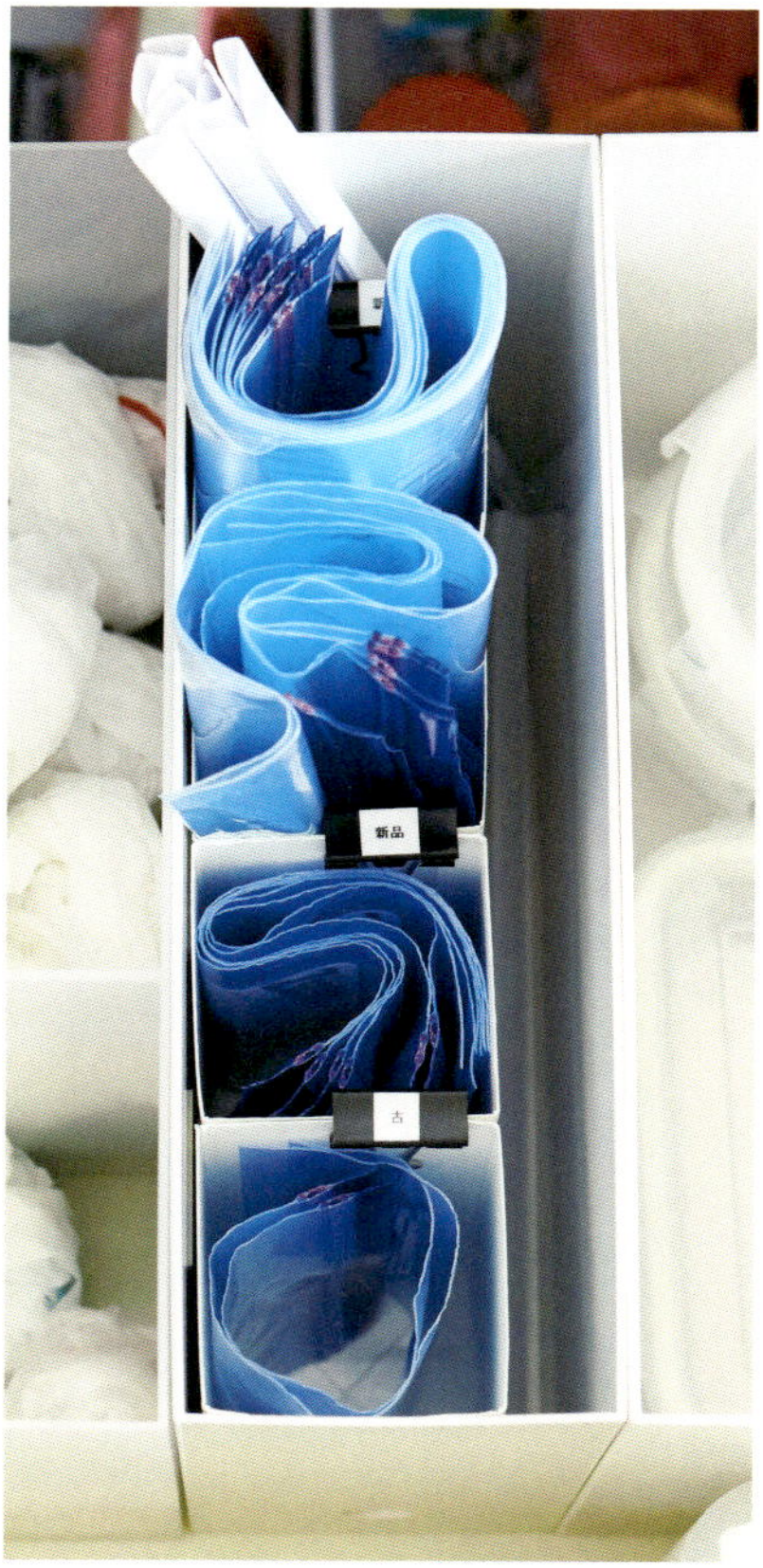


丸めて立てて収納すると、場所を取らず、また取り出しやすい。食材をフリーザーバッグに入れスライドバーで吊るすのがおさよさんのアイデア(39ページ参照)。スライドバーも同じ場所に入れておく。

# ジップロック®でスムーズ おさよさんの食材管理術

## 冷蔵庫

**食材をムダにしない工夫｜1**

### 「早めに消費」食材をまとめておく

食材や調味料などが整然と収納されている冷蔵庫。冷蔵庫の中で迷子になってしまいがちな開封した食品や調味料は、「早めに消費」とマステを貼ったケースにまとめてある。賞味期限切れで食材をムダにしない工夫。

**さくらんぼ**

季節のフルーツはコンテナーに入れ替える。密閉されるので鮮度が保たれる。

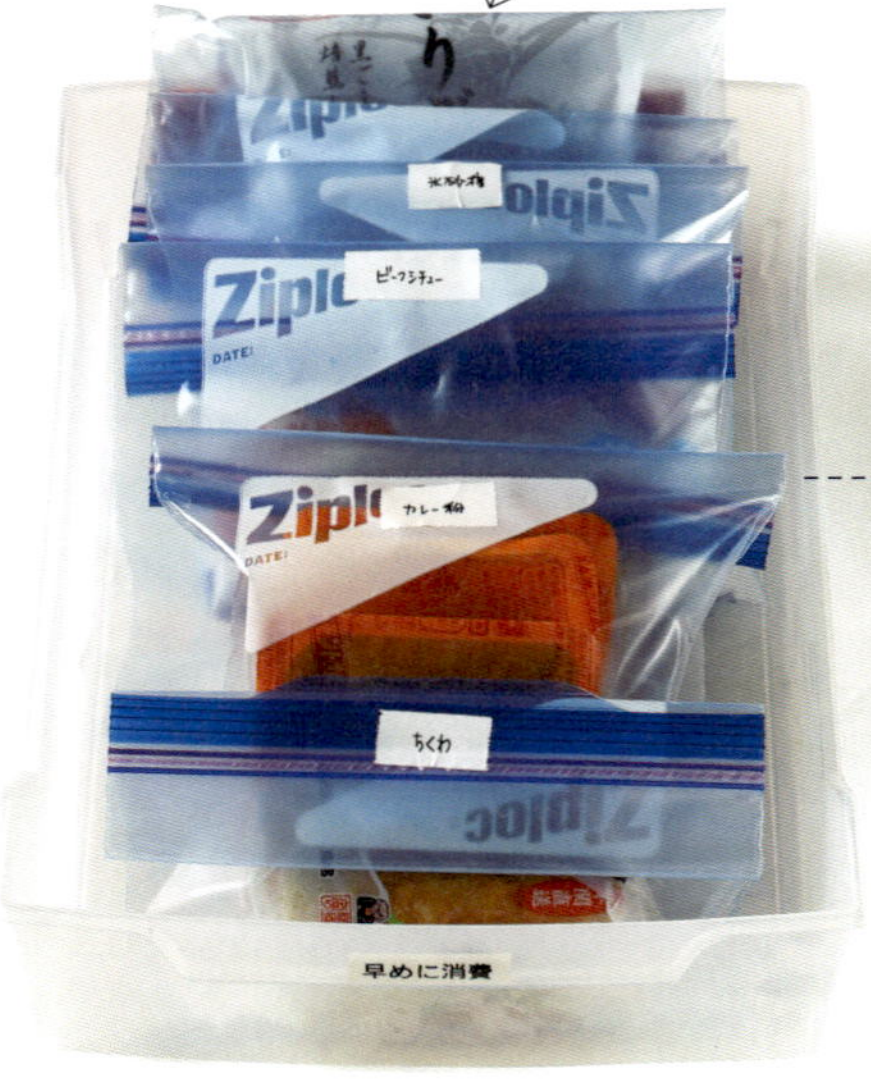


「早めに消費」

冷蔵庫中段に置かれた「早めに消費」ケース。練り製品や調味料、ルウもここへ。まずここのケースの中のものから使っていく。

**ちくわ**

余ってしまいがちなちくわもこのケースに入れておけば使い切れる。

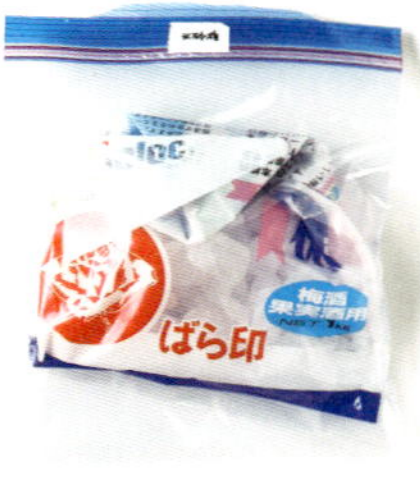


**氷砂糖**

賞味期限が長い調味料も早めの消費が賢明。

## シンク下

**高野豆腐**

比較的賞味期限が長いからこそ、見過ごされがちな食材も「見える化」するとムダなく使える。

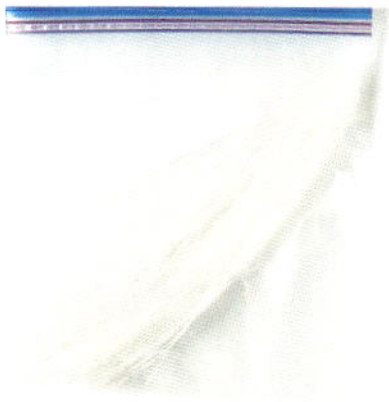

**春雨**

あるのに買ってきてしまうというありがちミスもこれで防げる。

**食材をムダにしない工夫｜2**

### 食材を「見える化」する

使いかけの食材はいつも見えていることが大事。食材は①フリーザーバッグに入れ②書類をファイルするときに使う「スライドバー」（おさよさんはリヒトラブ社製品を使用）でオープンタブを挟み、③ケースに渡してシンク下の引き出しに収納。一目で何がどこにあるかがわかるスゴ技。

## 野菜室

**チンゲンサイ**

チンゲンサイ2把に水約100mlを入れておく。ほかに小松菜など葉物はこの方法でフレッシュさをキープ。

**食材をムダにしない工夫｜3**

### フリーザーバッグに水を入れて鮮度を保つ

野菜は時間をともに鮮度が落ちる食材。購入したらすぐ下ごしらえするのがベスト。時間がない場合でもフリーザーバッグに水を入れておくと長持ちする。密閉性が高いからこそできる。

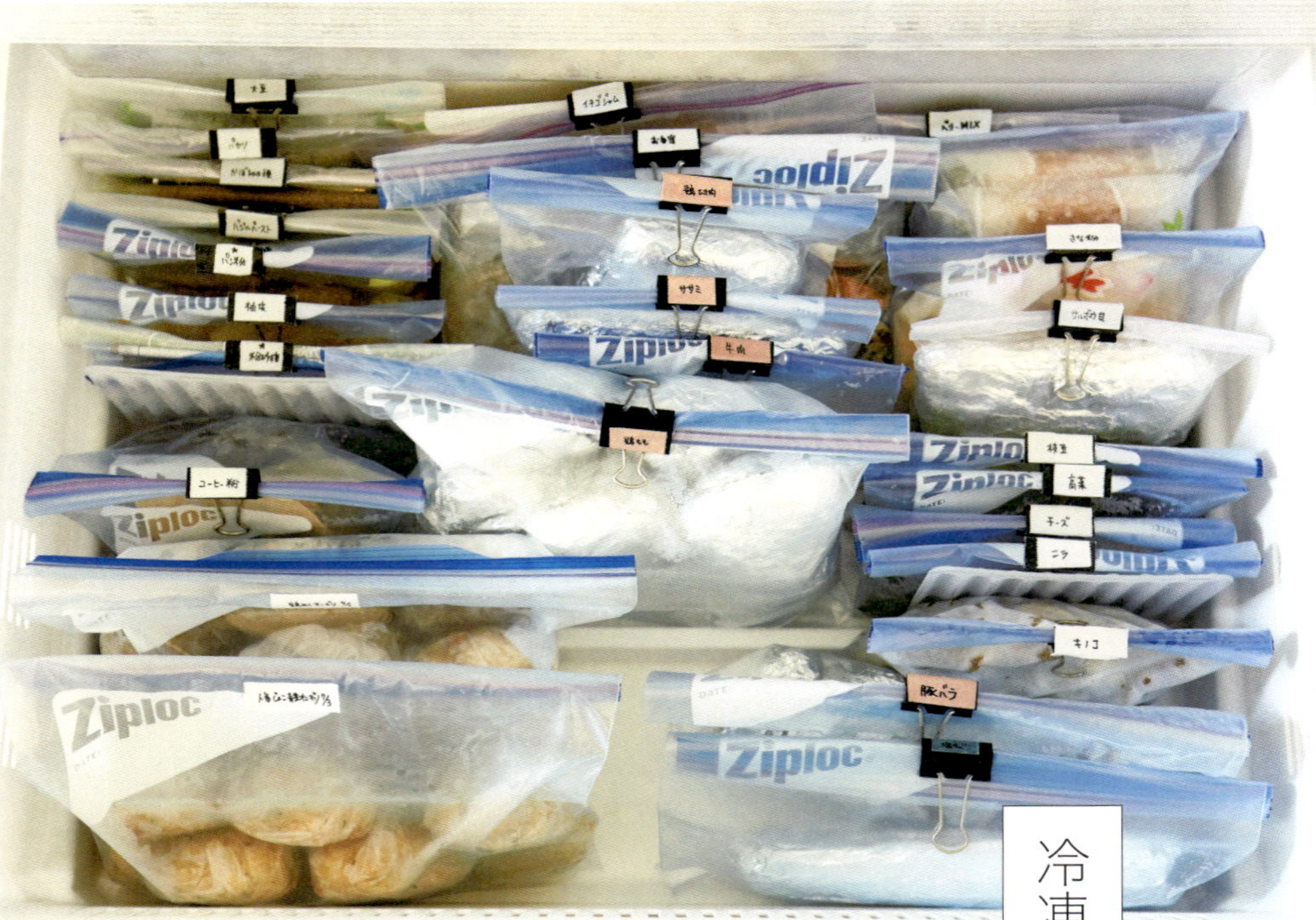


# 冷凍庫

## 家族の栄養バランスまでわかる おさよさん流、冷凍保存術

おいしいものが次々飛び出すおさよさんの冷凍庫。食材はフリーザーバッグに入れて隙間なく立てて保存すると冷凍効果がアップ。ダブルクリップの背に中身を書いたマステを貼れば何が入っているかすぐわかる。

### 3色のマスキングテープでラベリングすると、買い足したい食材がわかる

肉はピンク、魚は青、その他は白とマステの色を分ける。「買い物に行くときに冷蔵庫冷凍庫をさっと眺めピンクが多かったら魚を主に買います。マステで家族の栄養バランスも取れるんです」。この日の冷凍庫はピンクのマステが優勢なので、買い物に行ったら意識して魚を購入したら家族の栄養バランスも完璧というわけ。すごい！

### 常備してあると便利な食材アイテム

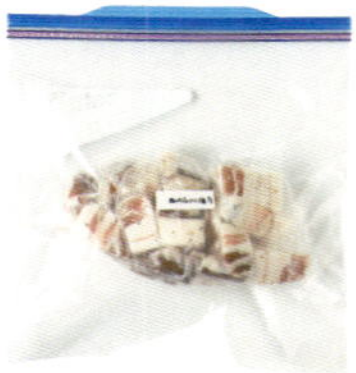

**豚バラブロックハーブ塩**

豚バラ肉を四角に切ってハーブ塩をまぶし、ラップに包んでからフリーザバッグで冷凍保存する。パスタと合わせたり、スープに入れてもコクが出ておいしい。

**油揚げ**

ざるに油揚げを広げ熱湯を回しかけて油抜きして小さく切って保存。

**食材をムダにしない工夫｜4**

## 残り野菜はみじん切りして冷凍

おさよさんは週1回食材をまとめ買い。1週間の副食費をしっかり予算組みしてムダを省いている。買い物に行く前は野菜室の残り野菜をみじん切りして冷凍保存して使い切るよう準備をしている。

野菜室の残り野菜をみじん切りする

フリーザーバッグに入れる。レードルを使うとやりやすい

全体をバッグの中で混ぜ合わせる

平らにして冷凍庫へ。スープや炒飯など応用範囲は広い

# まだまだある！おさよさんの冷凍庫から出てくるおいしいものカタログ

冷凍庫にある程度まで作ったものがあれば、毎日のご飯づくりやお弁当づくりもラクラク。おさよさんの冷凍庫の中に入っているおいしいものをご紹介します。

**鶏めしおにぎり**

鶏肉、にんじん、ごぼう、油揚げを小さく切ってホウロウ製の鍋で炊く。おにぎりをつくって冷凍保存。「誰かがちょっとおなかがすいたというときに、電子レンジで加熱していただきます。我が家の常備食材です」

**おくらの豚肉巻き**

おくらを塩もみして、豚バラ肉で巻いて冷凍保存。これをフライパンで焼くだけ。「よくお弁当のおかずにします」。

**あじフライ**

丸あじを買って開き塩、こしょうして小麦粉、卵、パン粉をつけて1つずつラップして冷凍保存。食べるときは凍ったままを油で揚げる。

**豚肉と野菜の酢炒め**

夏バテ解消にぴったりアイテムを常備

材料…豚肉300g、なす1本、ピーマン2個、玉ねぎ1個、にんじん1／2本。調味料（甜菜糖大さじ3、酒大さじ4、米酢大さじ3、めんつゆ大さじ2、しょうゆ小さじ1、チューブ入りしょうが小さじ1、同にんにく小さじ1／3、ごま大さじ1）

作り方

材料を適当な大きさに切り、調味料と合わせて冷凍。食べるときは半解凍して油を回しかけて炒め、火が通ったら水溶きかたくり粉でとろみをつける。

**玄米入り全粒粉クッキー**

ざくざくした食感がおいしい！

材料…全粒粉50g、薄力粉30g、ミルで粉末にした玄米20g、米油20g、豆乳30ml、塩少々

作り方

材料を筒状に丸めて冷凍する。焼くときは常温にして輪切りにして170℃のオーブンで20分焼く。きな粉10gを加えたり、ひじき（水に戻して）10gを入れてもOK。

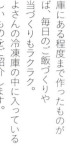

## ゆずのチーズケーキ風

冬に冷凍したゆずの皮をフリーザーバッグに冷凍保存して使う香り高いケーキです。

材料(作りやすい量)

**A** 水切りヨーグルト……200g
　甜菜糖……60g
　薄力粉……30g
　豆乳……100ml
　レモン汁……少々
　卵……2個

**B** 全粒粉……50g
　薄力粉……50g
　米油……20ml
　甜菜糖……25g
　豆乳……30ml
　塩……少々

作り方

**1** 米油以外の**B**をポリ袋に入れめん棒などで細かく砕き、刻んだゆずの皮を混ぜ、米油を加えてまとめる。

**2** **A**をハンドミキサーで混ぜる。

**3** バットにクックパー®を敷いた上に**B**を敷き、**A**を流し込み、170℃のオーブンで45分焼く。焼き加減はオーブンによって調節する。

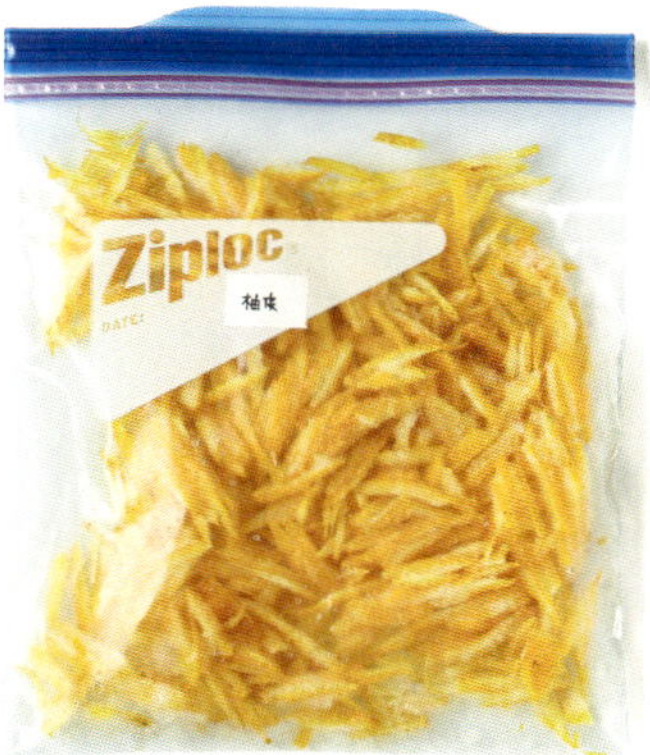

使用頻度の高いお茶碗や汁碗をすぐ取り出せるようにオープン式にしている食器置きスペース。

カフェをイメージして作ったキッチン。機能的でしかも安らげる雰囲気。

**調味料棚**

ダイニングとキッチンの間の棚には調味料や粉類を同じ容器に入れて並べてある。ご主人といっしょにDIYしたのでサイズがぴったり。

**冷蔵庫**

スーパーの特売日にまとめ買いして、帰宅後に食材を一気に下ごしらえしてジップロック®に入れて冷蔵庫や冷凍庫に保存。一度に約15種類を作る。

達人no.4

# 冷凍と冷蔵で デザートまで 作りおき。 7人家族の 毎日ごはんも ラクにできます

**料理ブロガー**

## 松本有美（ゆーママ）さん

1978年生まれ。夫と14歳、9歳、4歳の3人の男の子、両親の7人家族。スマホで料理写真を撮り始めたことをきっかけに「ゆーママ」としてブログ開始。ほっこりとした優しい料理が好評で「ゆーママおうちカフェレシピ」は人気ブログに。著書に「ゆーママの簡単！冷凍作りおき」（扶桑社）などがある。兵庫県在住。

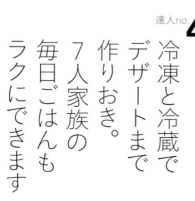

**冷凍庫**

冷凍保存にはフリーザーバッグが力を発揮。平らにして立てて入れるとたくさん入る。冷凍効率を上げるためにすき間ができないように詰めるのがポイント。

**カウンター下の収納**

よく使うだし昆布やふりかけはスクリューロックに入れて収納。

**ふりかけ**

外から見えるので子どもたちが自分で取り出せる。「私の手間が1つ省けます」

**昆布**

だし昆布は使う大きさに切って保存。人形型の乾燥剤をいっしょに入れる。

小学生の頃から料理が大好きだった松本さん。小学生の時に「ほうれん草のおひたし」を作ってお父さんにほめられたことでさらに料理好きになりました。松本さんがジップロック®を活用し始めたのは離乳食作りから。上のお子さんの学校の役員会にまだ赤ちゃんだった下のお子さんを連れて出席するとき、離乳食を作ってコンテナーに入れていくと便利とわかりました。以来、ジップロック®はキッチンのあらゆる場所で大活躍!

「軽くて、割れないので持ち運びやすいし、レンジにかけられて加熱しても安全なのがうれしいです」と信頼を寄せています。

# これがあると とっても助かる! ゆーママさんの 冷蔵常備アイテム

冷蔵庫から

## 中華風酢の物

たくさん作って冷蔵庫に常備しておくサラダ感覚の漬物。松本さんがいつも作る分量を紹介。水気を絞ったきゅうり2本と小さじ1／2で塩もみしたにんじん、ほぐしたかにかまぼこ1パックを混ぜ、砂糖大さじ2、酢大さじ2･1／2、しょうゆ大さじ1、ごま油大さじ1／2であえる。食べる時に炒りごまをふって。スクリューロックに入れて冷蔵保存しています。

## みかんゼリー

朝食によくいただく定番ゼリー。コンテナー（正方形1100ml）にたっぷり作り置きしている。粉ゼラチン10gを大さじ4のお湯を入れ電子レンジで20～30秒加熱して溶かす。オレンジジュースをコンテナーの500mlの目盛まで入れて混ぜて冷蔵庫で固める。固まったらみかん缶詰（大）をシロップごと入れて混ぜる。コンテナーに目盛がついているので計量しなくてもいいのでラク! コンテナーで作ってそのまま冷蔵庫で保存。

# これがあると さらに助かる! ゆーママさんの 冷凍常備アイテム

冷凍庫から

## みそ汁ミックス

油揚げを小さく切って、えのき、斜め切りした長ネギをフリーザーバッグで冷凍しています。いつでも数種類の具が入ったみそ汁が作れるので栄養バランスも完璧です。みそは「みそ玉」をたくさん作って冷凍しておくとお湯を注ぐだけでOK!「みそ玉」はラップを広げた上に、だし入りのみそ小さじ2、鰹ぶし、カットわかめ、万能ねぎ各ひとつまみをのせて巾着型に包んでマスキングテープで閉じればでき上がり。

## ミックスベジタブル

長男の離乳食を作ることから始まったミックスベジタブル作り。数種類の野菜をフリーザーバッグに入れ冷凍保存していろいろな料理に使います。これは生のままの薄切り玉ねぎ、短冊切りにんじん、斜め切りアスパラガスにソーセージを斜め切りして加えたもの。オムレツ、スープ、ナポリタンスパゲティに使えます。

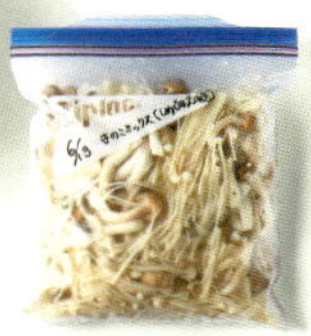

## きのこミックス

冷凍するとうまみと栄養価が増すきのこ類は数種類合わせてフリーザーバッグに入れて冷凍保存するとスープや炒め物などに即、使えます。これは半分に切ったえのきとほぐしたしめじのパック。

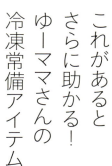

# まだまだある、こんな食材もジップロック®で冷凍保存

**ロールパン**

ロールパンも冷凍保存してもパサパサになりません。バターロールは1個ずつラップして4個まとめてイージージッパーに入れて冷凍庫へ。

**玉ねぎ**

玉ねぎは応用範囲の広い食材NO1! 買ってきたらとりあえず薄切りしてフリーザーバッグで冷凍保存。

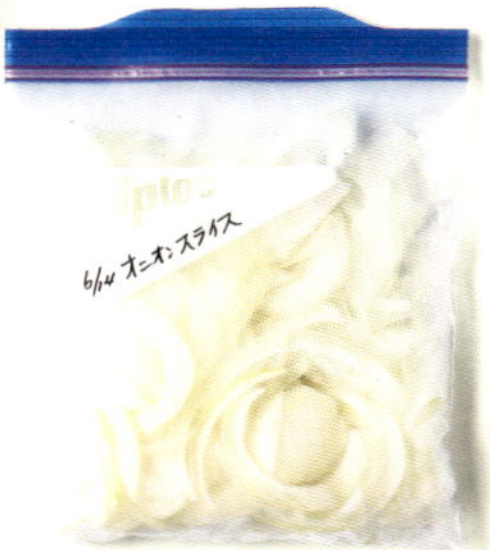

**生クリーム**

ホイップした生クリームは長方形のコンテナーに入れて冷凍保存。お菓子や料理にスプーンですくって使います。

**塩鮭**

塩鮭の切り身は焼いて小さく切ってラップに包みコンテナーに入れて冷凍保存する。お弁当に入れる

## ご飯はラップ+イージージッパーで急速冷凍

炊き立てを即、冷凍保存
ご飯は炊きたてをすぐにラップに包んでイージージッパーで冷凍すると、解凍した時にほかほかが味わえます。

1

**1** 1人分180gを量る。180gはお茶碗軽く一膳分。
**2** 空気が入らないようにラップできっちり包む。あらかじめ袋の高さを意識して包むと入れやすい。
**3** **2**を4個作ってイージージッパーに入れ、日づけを書いて冷凍保存する。分量を書いておくと家族が使う時もわかりやすい

2

3

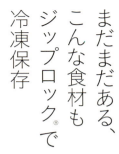

# こんなとこにもジップロック®使ってます

**おやつ入れ**

ピクニックなどおでかけの時は1人に1袋、イージージッパーをおやつバッグにして持っていく。

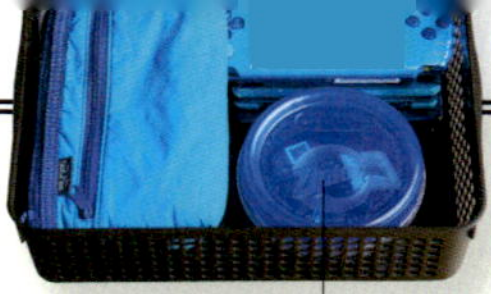

**ゲーム機＆ソフト**

散らかりやすく、なくしやすいゲーム関係、小さなおもちゃも透明なケースなら外から見えるので探しやすい。

ゲームソフトやおもちゃなど同じ大きさのものを1つのケースに入れる。

**救急箱**

育ち盛りの男子が3人いるので薬箱は必須。コンテナーに分類すると一目でわかります。

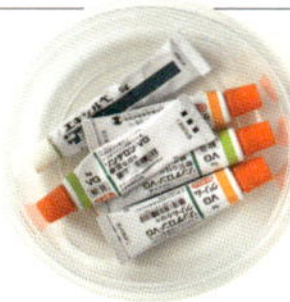

塗り薬はスクリューロックに。

目薬は小さい130mlのコンテナーで管理。

**座薬**

子どもの急な発熱時に座薬は常備。高温になると溶けやすい座薬は冷蔵庫の中が定位置。子どもによって大きさが違うので子ども別にコンテナーに入れておく。

ここ！

**細かいお弁当グッズの散らかり防止に**

毎日、ご主人のお弁当を作り、休日に外に遊びに行く時もお弁当を作る有美さん。ケースやピックなど細かくてなくしやすいグッズも大きさ別にコンテナーに入れれば大丈夫。

シリコンケース

おかずカップ

ピックいろいろ

和風柄がかわいいようじ

調味料入れ

# 簡単&おいしい ゆーママさんの ジップロック®レシピ

## たらのふっくら蒸し 中華風香味だれ

コンテナーに野菜とたらを入れて電子レンジにかけるだけで、びっくりするほどふっくら仕上がります。両親も子どもたちも家族全員が大好きなメニューです。

長ねぎとにら

材料（2人分）

たら……2切れ（150g）
長ねぎ……1/2本
にら……1/2束
酒……大さじ1
**A** 砂糖……大さじ1.5
　しょうゆ……大さじ1
　酢……大さじ1
　ごま油……小さじ1
　チューブ入りおろししょうが……小さじ1/3
万能ねぎ……1本
炒り白ごま……小さじ2
ラー油……少々

作り方

**1** 長ねぎは斜め薄切り、にらは3cm幅に切る。

**2** ジップロック®コンテナー（正方形700ml）に**1**を敷き詰め、たらを重ならないように乗せ、蓋を斜めにずらして電子レンジ（600w）で約5分加熱する。

**3** 器に**2**を盛りつけ、空になったコンテナーに**A**を入れ、蓋なしで電子レンジ（600w）で30秒加熱しよく混ぜてたらにかける。

**4** 刻んだ万能ねぎ、白ごま、好みでラー油をかける。

鶏肉とじゃがいも

材料（3人分）
鶏もも肉……150g
じゃがいも……3個（300g）
にんじん……1／2本（100g）
アスパラガス……2本
**A** 砂糖……大さじ2
しょうゆ……大さじ2
みそ……大さじ1
みりん……大さじ2

作り方
**1** 鶏肉、じゃがいも、にんじんはひと口大に切る。じゃがいもは水に1分ほどさらしてあくを抜き、水気を切る。アスパラガスは4等分に切る。
**2** **A**を混ぜ合わせておく。
**3** ジップロック®コンテナー（正方形1100ml）に鶏肉、じゃがいも、にんじんを入れ蓋を斜めにずらして乗せ、電子レンジ（600w）で6分加熱。取り出して、**A**をかけ、同様に蓋をしてさらに4分加熱する。取り出して全体に混ぜアスパラガスを乗せ、また蓋をして1分加熱し全体に混ぜ合わせ器に盛る。取り出す時は熱いのでミトンなどを使う。火が通ったかどうかは竹串を刺してスッと入ればOK!

## 鶏肉とじゃがいものほっくり煮物

## ハヤシ風牛丼

リーズナブルなこま切れ肉を使ってボリューミーな牛丼は子どもたちの大好きメニューです。牛肉、玉ねぎ、まいたけに味つけして冷凍保存しておくと肉がやわらかくなります。

材料(2人分)
**A** 牛こま切れ肉……200g
　玉ねぎ……1個
　まいたけ……1パック
**B** 砂糖……大さじ2
　しょうゆ……大さじ2
　酒……大さじ2
　トマトケチャップ……大さじ3
　中濃ソース……大さじ2
かつおだしの素……小さじ1
水……300ml(水300mlにカツオだしの素小さじ1を混ぜたもの)……300ml
**C** かたくり粉……小さじ1
　水……大さじ1
　乾燥パセリ……適量
ごはん……丼茶碗2杯分

作り方
**1** **A**の玉ねぎは薄切りにする。まいたけ、牛こまはほぐしておく。
**2** ジップロック®フリーザーバッグ(M)に**1**、**B**を入れ、よく揉み込む。
**3** 鍋にだしの素と水を入れて混ぜて沸騰させ、**2**を入れ約10分煮込み、混ぜ合わせた**C**を加えて混ぜ、ひと煮立ちさせる。
**4** 器にご飯を等分にして盛り、**3**を半量ずつかけ、乾燥パセリを散らす。

牛のハヤシ風

＼ えのきとにら ／

材料（2人分）

**A** えのき
……1／3パック（60g）
にら……1／2束（50g）

**B** かに風味かまぼこ……40g
卵……4個（240g）
鶏がらスープの素
……小さじ2／3
水……小さじ4
ごま油……小さじ1／2

**C** 砂糖……大さじ1
酢……大さじ1
しょうゆ……大さじ1／2
トマトケチャップ……大さじ1
水……大さじ3
片かたくり粉……小さじ1

グリーンピース（ゆでたもの）
……好みで適量

作り方

**1** えのきは石づきを取り長さを半分に切る。にらは3cm幅に切る。かにかまはほぐしておく。

**2** ジップロック®スクリューロック（473ml）2個に**A**を半量ずつ平らになるように入れ、ラップをして電子レンジ（600w）で50秒加熱し取り出す。もう1個も同様にする。

**3** **2**に**B**の半量を加えてよく混ぜ、ふんわりとラップをかけ電子レンジ（600w）で50秒加熱し、取り出してよく混ぜてまたラップをかけ、30秒加熱してざっくり混ぜ、30〜40秒加熱し、器に逆さまにして盛りつける。もう1つも同様にする。

**4** コンテナーに**C**を入れて混ぜ合わせ、ラップなしで電子レンジ（600w）で40秒かけよく混ぜる。さらに30秒かけ、混ぜたら**3**に等分してかける。好みでグリーンピースを飾る。

## かに玉風甘酢あんかけ

難しそうに見えるかに玉風あんかけもスクリューロックの丸型を生かして作れば簡単＆きれいに作れます。スクリューロックをそのままお弁当箱がわりにすることもあります。

**そのまま中華丼にしてお弁当に**

そのままお弁当にすることも。スクリューロック（730ml）にご飯1膳半分を入れてかに玉風甘酢あんかけを乗せる。上からかに玉風あんかけをほぐしながら食べる

# 手羽中のにんにくみそから揚げ

味つけも粉をまぶすのも、1つのコンテナーの中でやってしまうので手間いらず。にんにくとみそ味が効いたガッツリ系おかずで、酒の肴にもぴったり。ビールがすすみます。

手羽中のにんにくみそ

材料（2人分）
手羽中……10本
A　合わせみそ……大さじ1
　チューブ入りおろしにんにく……小さじ1／2
　みりん……大さじ2
　しょうゆ……大さじ1
　ごま油……小さじ1
B　薄力粉……大さじ2
　かたくり粉……大さじ2
　サラダ油……適量

作り方

**1**　ジップロック®コンテナー（正方形700ml）に**A**を入れよく混ぜ、手羽中を入れてれ蓋をして冷蔵庫で30分寝かせる。途中、コンテナーを揺らして調味料をなじませる。

**2**　**1**の汁気を捨て、**B**を加えて手で蓋をしっかり押さえながらコンテナーを振り、粉をまぶす。

**3**　鍋底から5cm深さに油を入れ170℃で5分ほど揚げる。

マンゴーピーチ
ヨーグルトスムージー

材料（4人分）
マンゴー缶……1缶（正味230g）
白桃缶……1缶（正味250g）
プレーンヨーグルト……300g
砂糖……大さじ1
ミント……好みで適量

作り方
**1**　缶詰の汁気を切り、マンゴー、白桃は一口大に切る。
**2**　ジップロック®フリーザーバッグ（M）に**1**、ヨーグルト、白桃、砂糖を入れスプーンでざっくり混ぜ、ジッパーをしめてトレーなどにのせ、平らにして冷凍する。ヨーグルトを入れる時はタブを裏返して入れるとやりやすい。
**3**　凍ったら（ふきんに包んで）手で揉み潰し、カップに4等分に注ぎミントを飾る。

## 手揉みマンゴーピーチ ヨーグルトスムージー

材料をフリーザーバッグの中に入れて凍らせて揉みほぐすだけでできるデザートです。ヨーグルトを使っているのでカロリーオフのヘルシーさもおすすめポイントです。

本当に必要なものを選べば、自然と時間に
余裕ができて、暮らしにゆとりが生まれる。

達人no.5

# イージージッパーで料理や旅の荷物の仕分け。暮らしをシンプルに

**シンプルライフ研究家**

## マキさん

広告代理店勤務のワーキングマザー。シンプルライフ研究家。東京都在住。3歳と8歳の娘と、夫の4人暮らし。「不要な物は持たない、不要な家事はやらない」——日々のシンプルな暮らしを紹介したブログ「エコナセイカツ」が好評。主な著書は、『しない家事』(すばる舎)、『少しの工夫でおいしい毎日 エコな生活』(KADOKAWA)など。

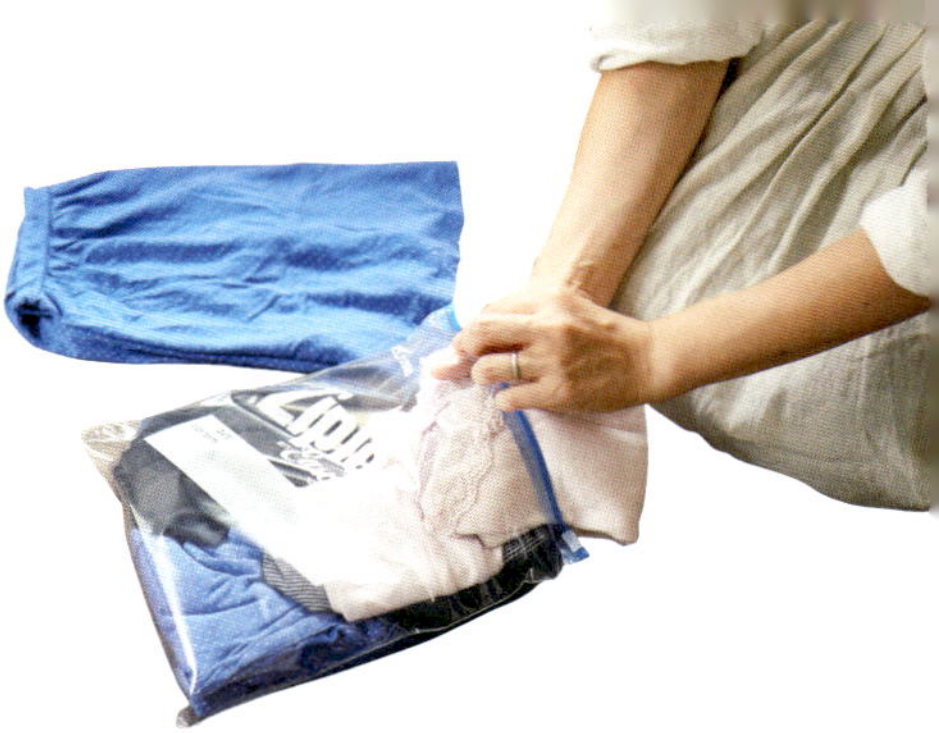

## コンパクトに旅じたく

旅先の服や小物もイージージッパーに仕分けして、スーツケースの中も美しく整理。

## 子どものおもちゃもすっきり

子どもの遊び道具もイージージッパーできちんと整理して、おもちゃ箱にすっきり収納。

絵柄の折り紙

クレヨン

無地の折り紙

「イージージッパーは考え方次第で料理の保存はもちろん、日用品の整理や旅行の仕分けなども柔軟に使えて、私にとっては必要なアイテムですね」

マキさんは広告代理店に勤務するかたわら、シンプルライフ研究家としても多数の著書を出版。都内に2人の娘と夫の4人暮らし。仕事と家事のバランスを考えながら、時間を効率的に使う「ワーキングマザー」です。「本当に必要なモノを1アイテム1個と決めることで心に余裕が生まれ、生活は豊かになります」。そう話すマキさんはイージージッパーも自分らしく活用して、忙しい毎日をていねいに暮らしています。

# 旅上手の基本は、かさばらない軽量な荷造り

旅先に「あれも、これも」と持っていきがちな洋服や小物も、イージージッパーを使って見える化すれば、持ちすぎを防止する。

## 旅行用スーツケースをイージージッパーで整理整頓

旅行先のシーンごとに必要なアイテムを1袋に詰め込んで、荷造りもテキパキ仕分ける。

### 子どものサンダル

旅先で子どもがサンダルを汚しても、イージージッパーに入れておけば荷物を汚さない。

### 子どものプールセット

子どものプールセットを1袋に用意する。プール後の濡れた水着も簡単に持ち帰れる。

# 1袋にそれぞれのシーンを詰め込む

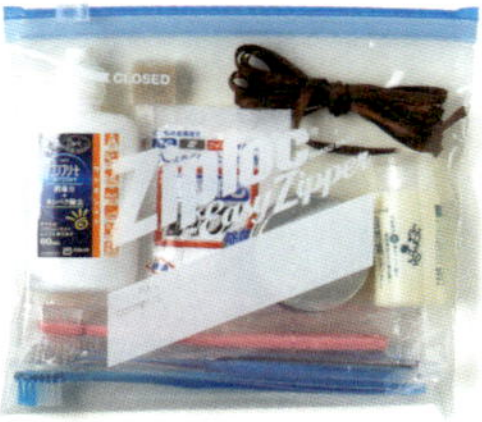


旅行用
お風呂場セット

ちょっとしたものを洗うときに便利な旅行用洗濯セット。子ども連れの旅行には必携。

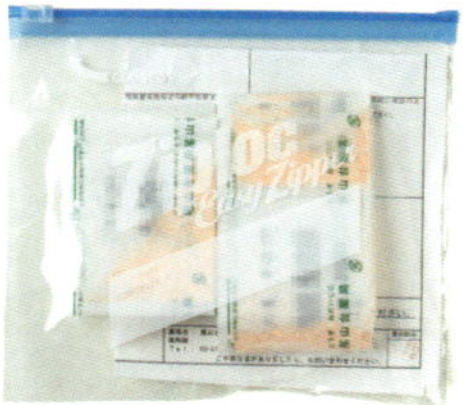


薬セット

服用している薬はすぐ取り出せるように、イージージッパーにまとめて常備しておく。

子どもの
パジャマセット

旅先の子どものパジャマも、1袋に1日ごとまとめておけば、入浴後のしたくもスムーズ。

# 忙しい毎日も、保存方法で時短ワザ

短時間でおいしい食事を作るコツは作り置き。料理の下ごしらえも作りおきしておけば、家族と過ごす時間がより増える。

## 葉物野菜も新鮮においしく使い切る、お助け保存

**野菜の根元に水分を含ませる**

サニーレタスの根元に水を含ませたティッシュ（キッチンペーパーでも可）をしっかりと巻く。

**袋に入れたら空気を抜く。**

空気を抜きながら、イージージッパーにサニーレタスを根元から入れる。

冷凍室でコーヒーの
香りキープ

空気を抜いた状態でコーヒーを冷凍保存すると香りの持ちが違う。

季節のフルーツも
冷凍保存

傷みやすい季節のフルーツは冷凍保存しておけば、いつでも新鮮。

1日分のお弁当セット
を冷凍しておく

お弁当は夕食の残りと常備菜を保存しておけば、翌朝3分で完成。

## 冷蔵庫もジップロック® でストック上手に！

作りおき、おやつ、下ごしらえ、常備菜など、頻繁に使うストック食材も簡単に保存。

冷蔵保存で簡単に
浅漬作り

袋に入れたカットした野菜を、市販の浅漬の素を加えて保存。

セロリは切って
入れる

セロリやネギなど香りのある野菜はカットしてイージージッパーで臭いもれ防止。

手作りおやつ
常温か冷蔵で

子どもとお出かけのときでも、手作りおやつを持ち運べる。

サニーレタスも
おいしく保存

サニーレタスなどの葉物野菜は新鮮なうち保存すると鮮度が保たれる。

しょうゆに漬け込んだ
豚ロース肉を冷凍保存

液もれしないから、しょうゆに豚ロース肉を安心して漬け込み。

みそ漬け込み鶏むね肉は
冷蔵保存

鶏ムネ肉をみそに漬け込むときの下ごしらえにも役立つ。

# ストックを使えば料理がラク！

お弁当は前日の夜ごはんのちょい残しおかずをラップにくるんで冷凍し、ストック。3種類ぐらいたまったら写真のようなお弁当セットになる。翌朝、お弁当が3分で完成。

残りものでお弁当

## 前日の夜ごはんをイージージッパーで冷凍保存

残ったおかずと常備菜をそれぞれラップに包んで1袋にまとめる。

## 3分でお弁当作り

朝、冷凍したおかずと常備菜を取り出してお弁当箱に詰めれば完成。

# 手作りラスクはエコおやつ

子どものおやつも手作りにこだわる。ちょっとの手間でお金をかけずに、おいしいおやつが簡単に作れる。

**パンの耳を焼く**

パンの耳にバターと砂糖をつけてオーブントースターで5分ほど焼く。

**焼き上がったパンの耳のラスクを切る**

ラスクが出来上がったら粗熱をとってから、各16等分に切る。

**ラスクをイージージッパーに入れる**

16等分にしたパンの耳のラスクをイージージッパーに保存する。

材料

パン屋さんからもらったパンの耳……3枚分

バター……45g

砂糖……大さじ3

# 野菜と市販の素を入れて浅漬け

野菜を浅漬けするときは、市販の浅漬の素を使って時短。付け合わせとして、旬の野菜の浅漬を出せば、食卓にも季節が訪れる。

材料
きゅうり……1本
かぶ……2個
市販の浅漬の素……適量

**きゅうりとかぶを切る**
きゅうりは斜めに切る。かぶは4割にして、いちょう切りする。

**市販の浅漬の素を入れる**
きゅうりとかぶを一袋に入れてから市販の浅漬の素を入れる。

**もみ込む**
野菜に浅漬の素が染み込むように、袋の上からよくもみ込む。

**冷蔵庫で保存**
冷蔵庫で約30分漬ける。出来上がったら水気を切って器に盛る。

# 漬け込み肉の下ごしらえ

イージージッパーへ入れた調味料に肉を漬け込む。空気をしっかり抜いてから、ジッパーを閉め、外側からよくもんでみそ漬けは冷蔵、しょうゆ漬けは冷凍保存。

## 鶏むね肉のみそ漬け

材料
- 鶏むね肉……200g
- みそ……大さじ1
- みりん……大さじ1

※みそ漬けは1日ほど
冷蔵庫でなじませる

## 豚ロース肉のしょうゆ漬け

材料
豚ロース肉……200g
しょうゆ……大さじ2
みりん……大さじ2
しょうが……少々
にんにく……少々

達人no.6

# 作りおきレシピの達人 ジップロック®生活を徹底紹介！

**料理ブロガー**

## スガさん

ブログ「週末の作り置きレシピ」を主宰。働くお母さんの超効率的な作りおきテクニックは台所仕事がラクになると大評判に。家族の健康を20年以上支えてきたスガさんのレシピは野菜たっぷりでカロリーも控えめなところも人気の秘密。著書に『ラクする作り置き』（セブン＆アイ出版）。

「週末3時間で1週間分のおかずを作りおきする」、そんな効率的でスマートな段取り料理が大注目されるスガさん。彼女の作りおきのモットーは、①着る服を選ぶように、冷蔵庫を開けたら好きな食べものを選ぶことができる、②クタクタに疲れていても、これさえ食べたら元気になれる一品が常にある、③お弁当作りも楽勝、の3つ！　簡単にアレンジができてすぐに食べられる料理は、忙しい女性の強い味方です。

　その調理の数々、保存を可能にしてくれているのが形状も大きさもいろいろと揃えたジップロック®。冷蔵&冷凍を中心にスガさんの生活を拝見します。

## 冷蔵庫に作りおきをコンテナーに保存！

# 週末3時間で1週間分のおかず作りに大小コンテナーが大活躍

## 炒り高野

煮ることで、素材の旨みと出汁がしみ込んだ炒り高野は毎週欠かせない作りおき料理。ミネラルと繊維が豊富なひじきをたっぷり使った一品は、そのままはもちろん混ぜご飯、おにぎり、卵焼きの具、つくねのたねなど、混ぜ込むだけで別料理にアレンジができる優秀さ。●冷蔵約1週間

## なめたけ

きのこ類はしんなりとなるまで炒め煮にする。煮詰まると味が濃くなってしまうので、きのこ類から出た水分が少し残り、全体にとろみが出てくるぐらいが目安。「ご飯のお供に、お酒のアテにもなり、お弁当のちょっとした隙間にもオススメの便利な一品です」。●冷蔵約10日、冷凍約1カ月

## 調理時間の短縮に役立つ4つの技

### 野菜は洗ってジップロック®に

野菜を水でさっと洗い、へたがあれば取り除く。葉ものは適度な長さに切っておくとすぐに使える。

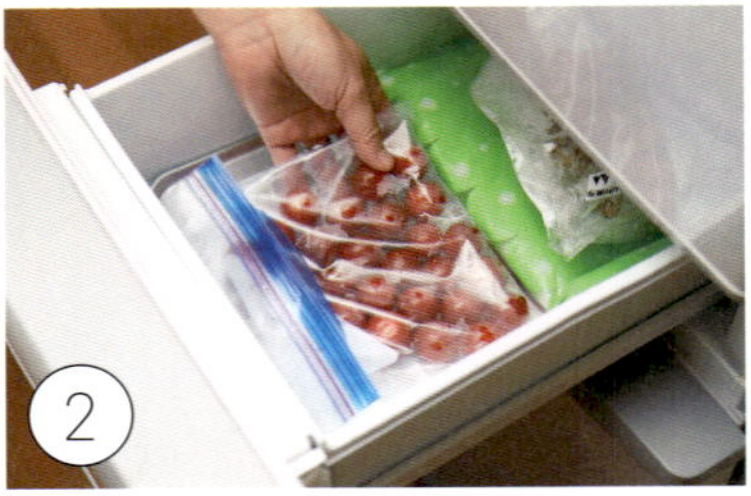


### 入れた食材は平らにして冷蔵・冷凍庫へ

ジップロック®の中の食材を平らに入れることで、食材全体をむらなく冷やすことができる。

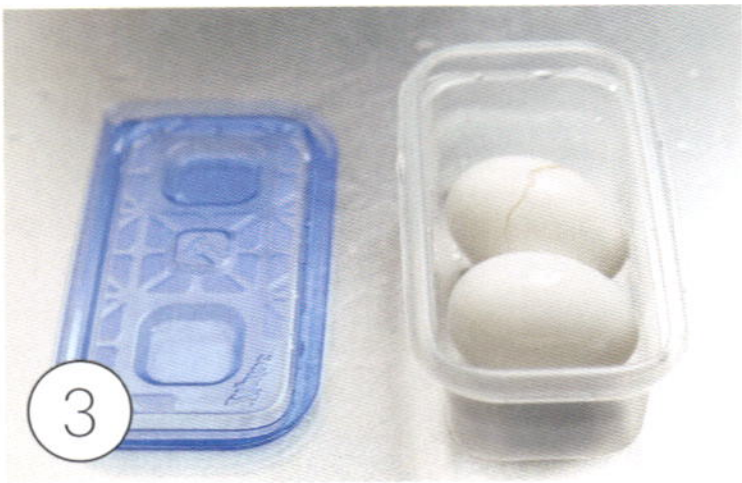


### ゆで卵は殻つきのまま冷蔵保存

茹でた卵は水で冷やし、粗熱をとった後、殻つきのままジップロック®へ。使うときに殻をむく。

### あとは味つけをするだけの状態に

スライサーで細切りにしたにんじんは、調味料を加えるだけで一品に。

## POINT

**安心・安全のためのひと工夫、消毒**

「アルコール消毒が手軽で確実。すぐに乾き、簡単なのもポイントです」とスガさん。使用するのは市販のアルコール消毒スプレー。ジップロック®コンテナーに吹きかけて、キッチンペーパーで拭く。調理中は流し台、調理器具、まな板、床など全面的に消毒するとさらに安心。もちろん調理前にしっかりと手を洗うことも忘れずに。手首や、親指のつけね、爪の間など入念に！

**煮込み料理は急冷し粗熱をとってから冷蔵庫で保存**

「熱が残ったままの鍋を冷蔵庫へ入れることは避けてください。庫内の温度が上がることでほかの食材の温度にも影響、それこそ食中毒の元になります」、と言うスガさん流・簡単な急冷方法を紹介します。調理した鍋よりひと回り大きいボウルや鍋、またはシンク（写真上）に水を用意しておき、熱い鍋ごと入れて氷＋流水を足してかき混ぜながら急速に冷まします。水をはったところに氷をたくさん入れてもOK。4〜8人分であれば10〜15分ほどで粗熱がとれます。

## 脂肪の少ない鶏むね肉もジップロック®使いでやわらか

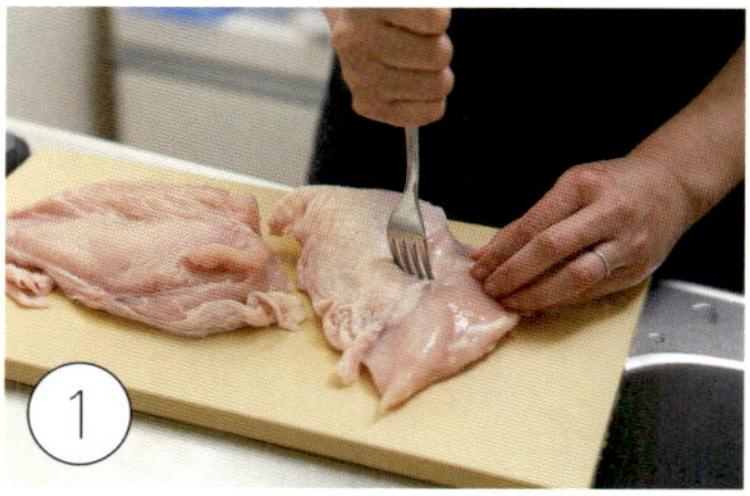

1

### 焼き縮みを防ぎ、下味もなじみやすい。

皮はそのまま焼くと縮むので、フォークで全体を刺して穴をあける。下味のなじみもよくなる。

2

### 鶏肉のくさみとりに砂糖の出番！

鶏肉のくさみを除き、肉をやわらかくするために砂糖を用意（鶏肉1枚／約300gに砂糖小さじ1が目安）。

3

### 鶏肉に砂糖を揉み込む

鶏肉に分量の砂糖をまぶしたら指や手のひらを使って、砂糖を揉み込む。身、皮ともにおこなう。

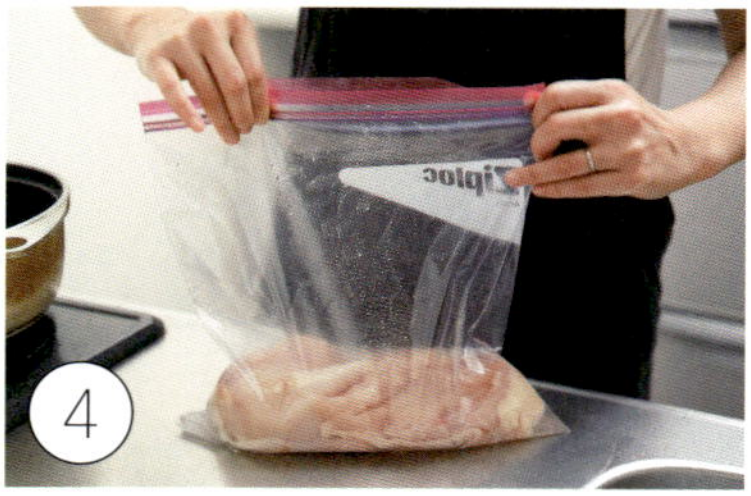

4

### 塩水に浸けて寝かしておく

さらに肉をやわらかく。浸水は1時間以上〜、長くて2〜3日以内で調理を（鶏肉1枚約300gに塩小さじ½＋水30cc）。

スガさんの作りおき
## ラタトゥイユ

材料（4〜5人分）
玉ねぎ……1個、セロリ……1本、なす……1本、パプリカ……1個（できれば赤、黄1/2ずつ）、ピーマン……2個、ズッキーニ……1本、オリーブオイル……適量、トマト缶……1缶、白ワイン……大さじ3、オリーブオイル……大さじ2、にんにく……2片、ローリエ……1枚、塩……小さじ1
[A] ウスターソース……小さじ2、バルサミコ酢またはワインビネガー……小さじ2

作り方
**1**　にんにくは皮をむき、芽を除きみじん切り。大鍋にオリーブオイルと刻んだにんにくを入れ、弱火にかける。
**2**　セロリは茎と葉ともに細切りにし、**1**の鍋に加え、弱めの中火で炒める。
**3**　玉ねぎはひと口大に切り、塩（小さじ1/3）を加えて混ぜてから鍋に加える。パプリカとピーマンはへたと種を除きひと口大に切り、鍋に加える。火を中火にし、半月切りにしたズッキーニとナスも鍋に加える。なすを加えたら塩（小さじ1/3）を入れてさらに炒める。
**4**　トマト缶、白ワイン、ローリエ、残りの塩（1/3）を入れて煮込む。フタはせずに煮詰まったら仕上げに**A**を入れて、ひと煮立ちさせたら味見をしてバルサミコまたはワインビネガーの酸味がとんでいるか確認。
**5**　できるだけ急速に冷却し、消毒しておいたジップロック®コンテナー（長方形1900ml）に料理を移しかえて冷蔵庫へ。一昼夜程度よく冷やす。

作りおきのコツ
・消毒の方法はP.069を参照。
・冷凍する場合は、1食ずつ（おたま1杯ずつ）をジップロックバッグ®に入れる。お弁当に入れる場合は、小さなアルミカップに1個ずつ分けて冷凍。
・冷蔵約1週間、冷凍1ヶ月。

スガさんの作りおき
## 梅きゅうり

材料（3〜4人分）
きゅうり……2本、砂糖……小さじ1/2、梅干し……大1個、お好みでかつお節……小袋1パック（5g）

作り方
**1**　きゅうりは5mmほどの厚さに斜め切りにし、砂糖をまぶしてよく揉む。
**2**　梅干しは種を取り除き、包丁でたたく。水気を切った**1**のきゅうりに和える。
消毒しておいたジップロック®コンテナー（長方形300ml）に料理を移しかえて冷蔵庫へ。いただく際に、お好みでかつお節をふりかける。

## 即席しば漬け

材料（3〜4人分）
きゅうり……2本、みょうが……2個、なす……1個、砂糖……小さじ1/2
[A] 赤じそ酢のしそ……少々、赤じそ酢……大さじ3、しょうが千切り……1/2片分

作り方
**1**　きゅうり、へたを落として縦半分にしたなすは、それぞれ5mmほどの厚さに斜め切り。みょうがは縦4つに切る。砂糖をまぶしてよく揉み10分ほど置く。
**2**　**A**を水気を切った**1**に和える。消毒しておいたジップロック®コンテナー（長方形300ml）に料理を移しかえて冷蔵庫へ。1時間以上漬ける。

## かぶの梅和え

材料（3〜4人分）
かぶ……2個、砂糖……小さじ2/3、梅干……大1個、昆布……5cm角1枚

作り方
**1**　かぶはスライサーで薄切りにし、砂糖をまぶしてよく揉み10分ほど置く。
**2**　梅干は種を取り除き、包丁でたたく。水気を絞った**1**のかぶに和える。消毒しておいたジップロック®コンテナー（長方形300ml）に料理を移しかえて冷蔵庫へ。1時間以上漬ける。

**スガさんの作りおき**

## 旬野菜の揚げない揚げびたし

材料（4人分）
ズッキーニ……1本、かぼちゃ……1/8個、パプリカ……1個、さやいんげん……8〜10本、なす……大1本、サラダ油……大さじ4
[A] めんつゆ（3倍濃縮）……75ml、水……300ml

作り方
**1** **A**を鍋またはフライパンで、中火で煮立たせる。全体が沸騰してきたらひと呼吸おいてから火を止める。
**2** ジップロック®コンテナー（長方形1900ml）を消毒する。**1**の煮詰めた合わせ調味料を注ぎ入れておく。
**3** ズッキーニは6〜7mm厚さの半月切り、かぼちゃは約3cm幅に切り端から5〜6mmの厚さに切る。パプリカはへたと種を取り除き、縦に3〜4等分にしてから1.5〜2cm幅に切る。さやいんげんはへたを取り除き、筋が気になるようなら取る。ナスは縦に2つ、太いものは4つに切り端から6〜7mmの厚さに切る。ナスはアクが出るので野菜の中でも最後に切るとよい。
**4** 切った野菜は炒めたときに油がはねないようにキッチンペーパーで押さえ、しっかりと水気を拭く。
**5** フライパンまたは鍋に切った野菜とサラダ油を入れる。火にかける前に全体をかき混ぜてサラダ油を野菜にまんべんなく絡ませる。
**6** 弱火にかけ、3〜4分ほどはそのままかき混ぜたりせず、フタもしない（根菜が多いときは火が通りにくいのでフタをする）。全体をかき混ぜさらに3〜4分、かぼちゃに火が通ったら火を止める。**3**の合わせ調味料の中に火を通した野菜すべてを入れる。粗熱がとれたら冷蔵庫でよく冷やす。

作りおきのコツ
・消毒の方法はP.069を参照。
・冷蔵約4日。

**スガさんの作りおき**

## たっぷり野菜の山形のだし

材料（4人分）
なす……1本、きゅうり……1本、オクラ……10本、大葉……10枚、みょうが……2個、青ネギ……2本、しょうが……1/2片（3〜4cm）、刻み昆布……8g
[A] しょうゆ……大さじ1、めんつゆ（3倍濃縮）……大さじ1

作り方
**1** アク抜きの食塩水を用意（水1000mlに対し塩小さじ2：分量外）。
**2** ナス、きゅうりは1片が5〜6mmのあられ切りにし、**1**の食塩水に漬け込んでいく。オクラもあられ切りにするが水にさらさない。大葉、みょうが、青ネギはみじん切り。しょうがは擂り下ろす。
**3** ボウルまたは大鍋に水気を切った野菜、薬味、刻み昆布、**A**を加えて粘りが出るまで混ぜ、味見をする。味がうすいようならしょうゆ1：めんつゆ（3倍濃縮）1を少しずつ混ぜ入れ、お好みに加減する。
**4** 消毒したジップロック®コンテナー（正方形1100ml）に野菜を入れ、冷蔵庫で1時間ほど寝かして完成。

作りおきのコツ
・消毒の方法はP.069を参照。
・お好みで白ごま、かつお節を足しても美味しい。
・調味料が下に沈んでいることが多いので、食べる際に底からよく混ぜる。
・冷蔵約4日。

**スガさんの作りおき**

## 切干大根と糸昆布のあっさりハリハリ漬け

材料（4人分）
切干大根……40g、糸昆布（刻み昆布、ひじき、納豆昆布でも可）……10g、きゅうり……1本
[調味料] 砂糖……大さじ1、酢……大さじ1、レモン汁……大さじ1/2、だし汁……大さじ1、しょうゆ……大さじ1、しょうがのすりおろし……1/2かけ分
[仕上げ] すりごま……大さじ1

作り方
**1**　切干大根は水にくぐらせてから手でもみ洗いし、汚れなどを取り除く。2〜3回水をかえる。鍋に湯を沸かし、1分ほど茹でる。水気を絞り、食べやすい長さに切っておく。
**2**　きゅうりは千切り、もしくはピーラーで細かく切る。切った後、きゅうりから水分が出てきたら絞っておく。
**3**　ボウルに**1**の切干大根、**2**のきゅうり、糸昆布を入れる。調味料は砂糖→酢→レモン汁→だし汁→しょうゆの順に入れ、よく和える。
**4**　具材全体に調味料がなじんだら、すりごまを加える。消毒しておいたジップロック®コンテナー（正方形1100ml）に**3**を移しかえ、冷蔵庫で保存。

作りおきのコツ
・消毒の方法はP.69を参照。
・調味料は、「さしすせそ」の順で加えることで、具材に甘みと旨みがなじみ、酢やしょうゆの味もまろやかに。
・お好みで柚子の皮（千切り）、鷹の爪（小口切り）を足しても美味しい。
・冷蔵約1週間。

**スガさんの作りおき**

## 水菜と揚げの和えもの

材料（4人分）
水菜……1束（200g）、油揚げ……1枚、水（同量のだし汁でも可、だし汁を使うならば顆粒だしの素は加えない）……100ml、顆粒だしの素……小さじ1/2、薄口しょうゆ（濃口しょうゆでも代用可、少し辛味がマイルドになるのでしょうゆ、仕上げのかつお節の量で調整しましょう）……大さじ1、砂糖……小さじ1
[仕上げ] かつお節……小袋1（5g）

作り方
**1**　水菜は4〜5cmの幅にざく切り。切った水菜はおおよそでいいので葉と茎の部分に分け、それぞれをたっぷりの水に放つ。湯を沸かしさっと火を通し、粗熱がとれたら消毒しておいたジップロック®コンテナー（正方形1100ml）に**2**を移しかえておく。
**2**　油揚げは半分に切ってから1cm幅に切る。湯通しをして冷めたら、消毒しておいたジップロック®コンテナー（長方形300ml）に移しかえておく。
**3**　食べるときに**1**の水菜、**2**油揚げを必要な分量出し、**A**を合わせたボウルに加えて混ぜる。

作りおきのコツ
・消毒の方法はP.069を参照。
・油揚げは冷凍しておいたものでもいい。使うときにさっと湯通しをする。
・冷蔵約4日。

# 冷凍庫

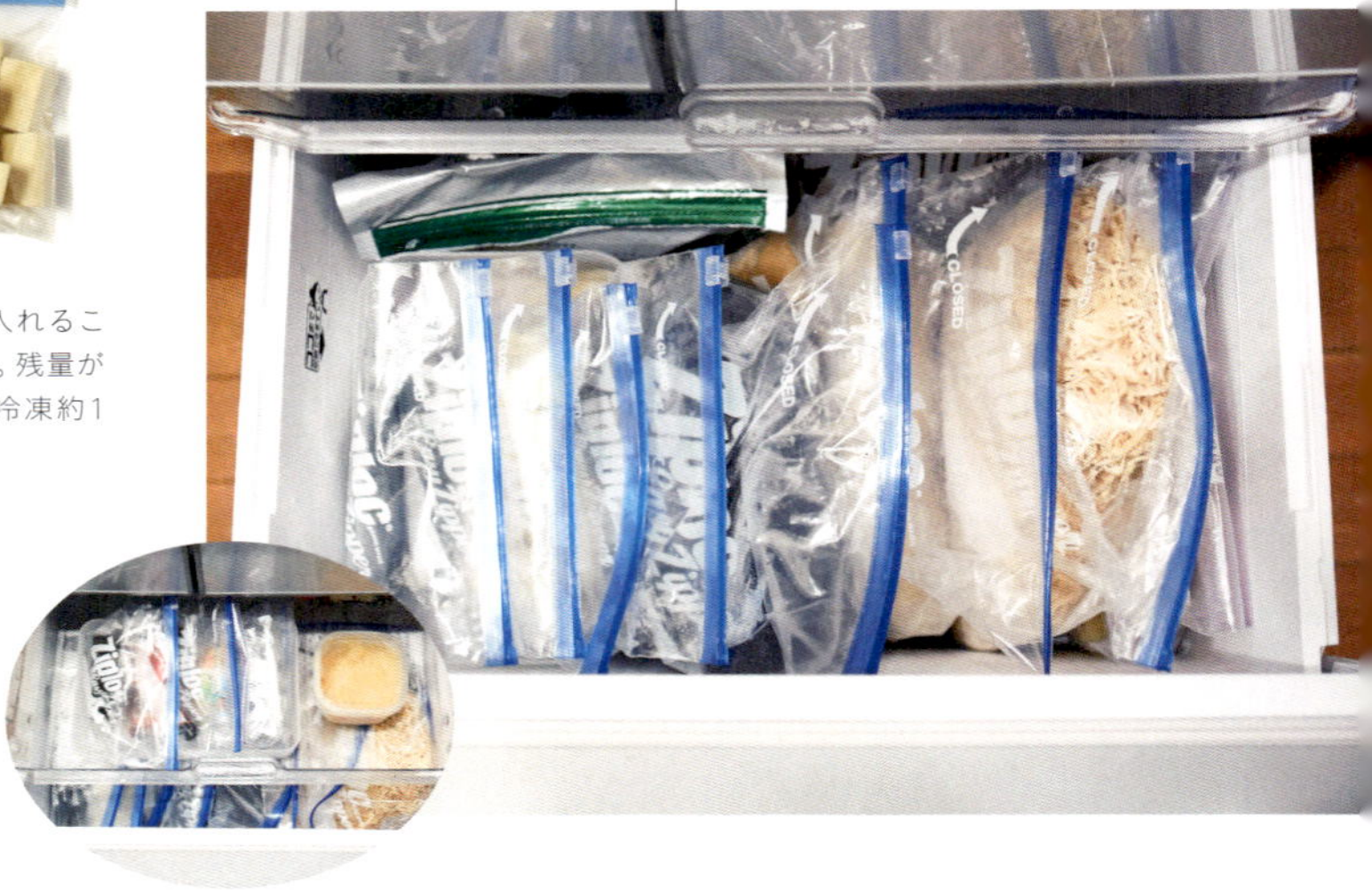

冷蔵よりも一段と保存期間が長く捉えられるところが、冷凍のありがたい特徴。大容量で購入するとお得なものは、小分けに保存しておけばいいので気負いなく購入できそう。また乾物、常備食材、スパイスなど湿気が大敵なもの、暗所に保存することに適した食材を保存するのにも向いています。風味、香りも損なわず、そのままの状態を保てます。ただ冷凍で水分が失われて食感や味が変わってしまう食材も多くあるので注意しましょう。

## 乾物

**切干大根**

干された食材は、もともと水分が抜けているのでカチカチには凍らない。●冷凍約1年。

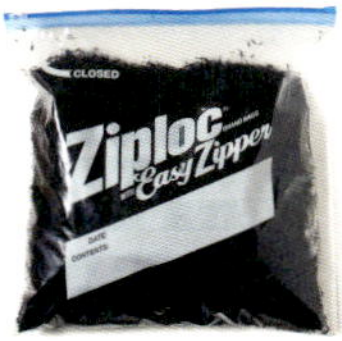


**ひじき**

1kg入りを買うというスガさんはイージージッパー(大)2袋に分けて保存。●冷凍約1年。

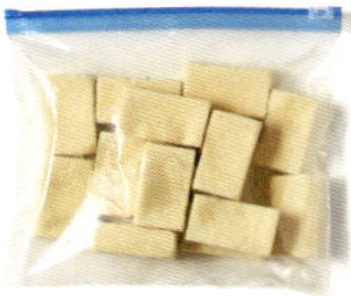

**高野豆腐**

ジップロック®に入れることで湿気がこない。残量がすぐにわかる。●冷凍約1年。

# スパイス

**ターメリック**

チキンカレーやキーマカレーなど、本格的なインド料理に使うスパイスの代表格。●冷凍約1年。

**唐辛子**

和洋中、さまざまな料理のシーンで活躍する唐辛子も常備食材並みに大量ストック。●冷凍約1年。

**ガラムマサラ＆クミンパウダー**

こちらも本格インド料理に使うために。常にたくさんは使わないが欠かせない。●冷凍約1年。

**一味**

買ったときの袋ごと保存しても透明なジップロック®なら文字も見え、わかりやすい。●冷凍約1年。

# 常備品

**いりこ**

出汁をとったり、その出汁がらを砕いてふりかけにしたりと幅広く料理につかえる。●冷凍約1年。

**昆布**

活用頻度が高いので、1回に使う目安量10〜15cmに切ったものが使いやすく。●冷凍約1年。

**もみ海苔**

空気にふれると湿気やすい海苔こそ、冷凍保存すればパリっとした風味をキープ。●冷凍約1年。

**ごま**

冷凍保存すれば品質を長く保つことができる。白胡麻も同じように保存可能。●冷凍約1年。

**ぬか**

大根や筍など、野菜のアク抜きに。●冷凍約1年。

**刻み昆布**

味つけ用として使うことはもちろん、具材として混ぜてもおいしい。●冷凍約1年。

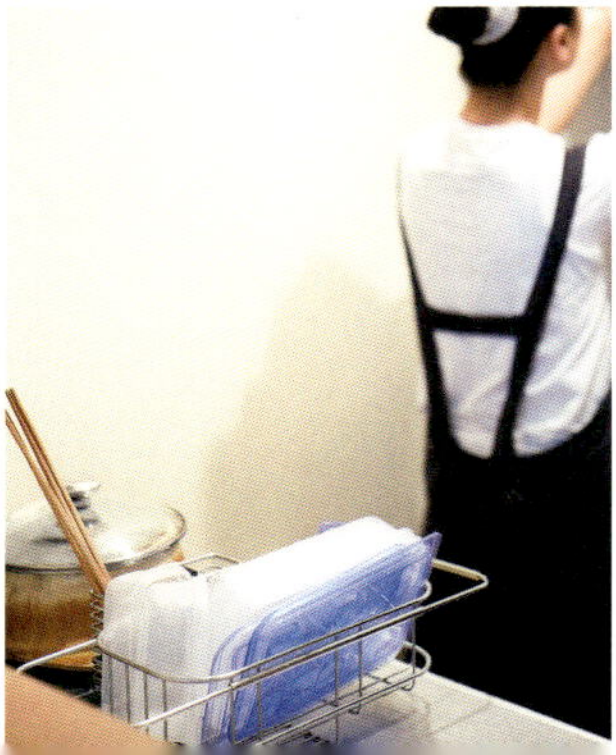

限られた時間が、
よりイキイキする
毎日になりますように

**必要な分を、使う分だけ取り出す**
小さなものを仕分けする透明なプラスチックケースも使わないときは一ヶ所に集めて整理。

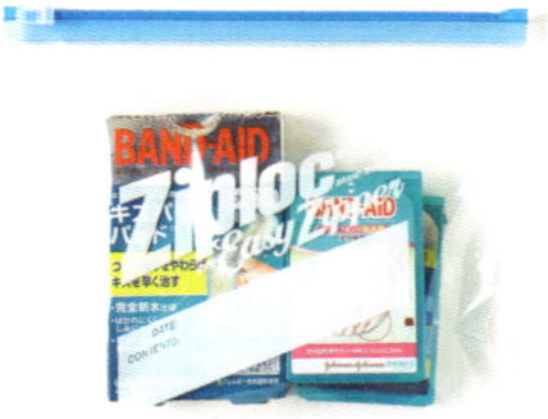


**日々の必需品もスマートに**
一つひとつがバラバラになりやすい絆創膏やフットケアグッズをまとめて。箱のまままとめられて、わかりやすい。

**スキンケア用品など、**
**小分けにも◎**
化粧水やハンドクリーム、手鏡など。出張など、急ぎのときはこのバッグを忍ばせるだけでお肌ケアはOK。

## 作りおき、買いおきを
## 使い切るためのひと手間

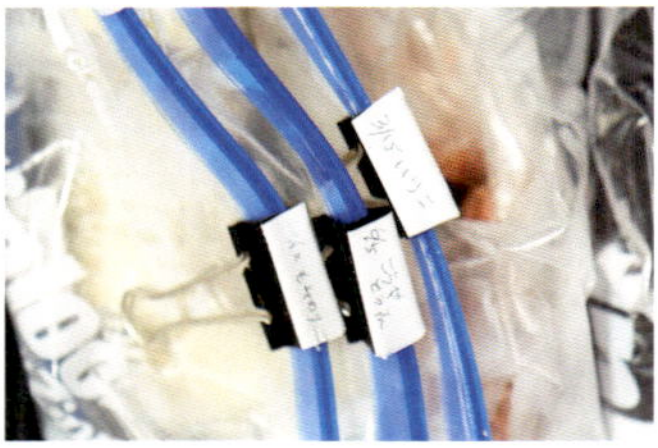

**ひと目で把握できる**
**マスキンテープ×ダブルクリップ使い**
「品目と冷凍日をマスキングテープに記入してダブルクリップに貼れば、冷凍庫用のラベルができます。これだと冷凍保存したものを、立てて並べて上からすぐに入っているものが判明!!」。

**中身はなにか、いつ作ったかが**
**すぐにわかる手作りラベル**
「冷蔵庫の作りおき料理に限らず、キッチンではマスキングテープを愛用しています。レシピ名、調理日、開封日を記入して貼ります。ジップロック®は何度も使うもので、貼った後にきれいに剥がせるのものいいです。文房具売り場やホームセンターなどで購入できますよ」。

# デスク周りの片づけにも重宝。バッグ類を使う超整理術

開閉がしやすく、中身も見えやすいストレスフリーなバッグシリーズは、デスク周りの片づけにも大助かり。使いたいときにパッと出せ、かつ失くすことも減りそう。

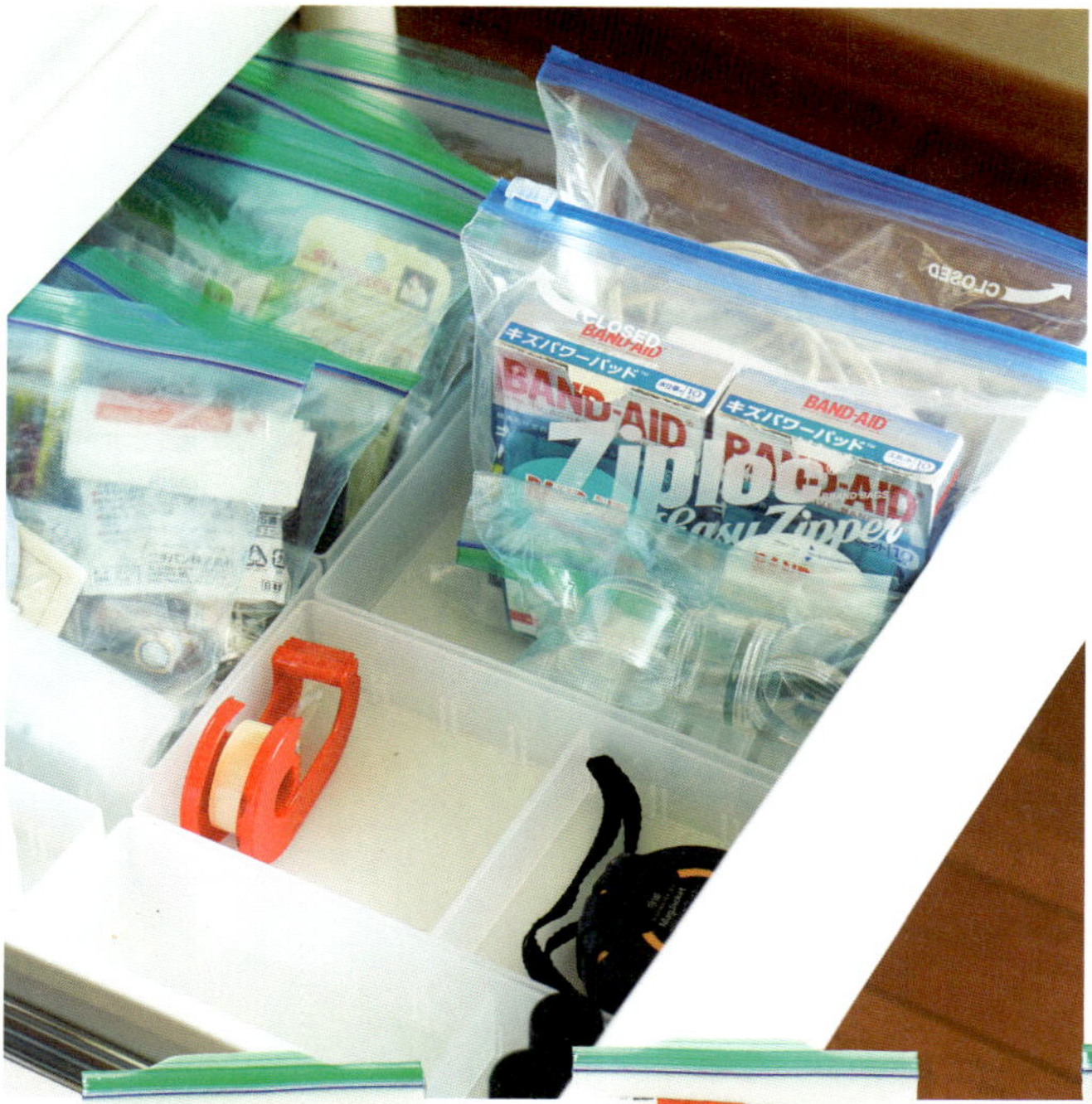


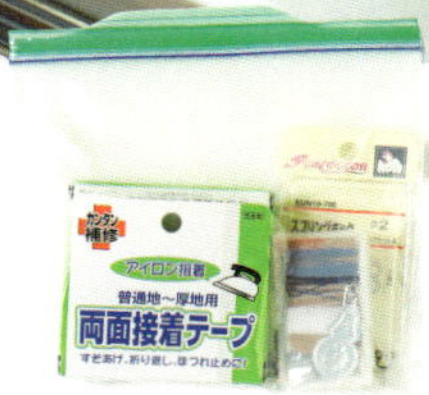


**裁縫セットも薄く、
小さく持ち運ぶ**

箱やケースではなくバッグに入れることで、薄手になりかさばらないのがうれしい。持ち運びしやすい。

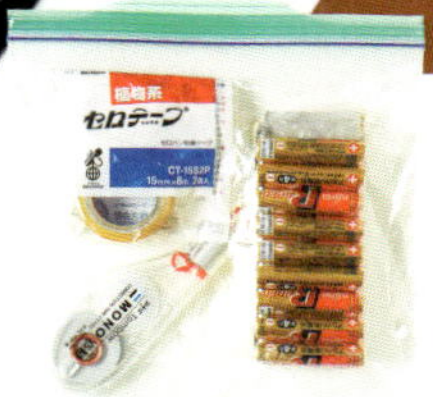


**家の中で迷子に
なりがちな小物を**

乾電池、セロファンテープ、修正ペンなどよく使うけれど、毎日の頻度ではないものをまとめて。

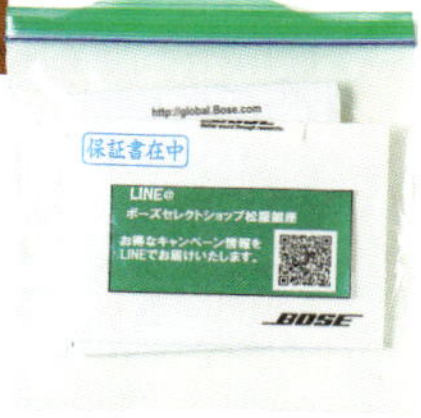


**保管が必要な書類も１カ所に**

大切なものなのに置き場所を忘れがちな保証書など、バッグにまとめて入れておけば失くさず、安心。

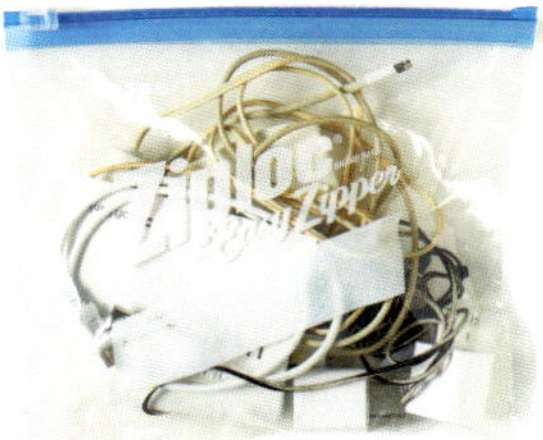


**ゴチャっとなるものほど、
バッグに**

絡まりやすいケーブルや充電関連のコードは、一つのバッグにまとめれば見た目もスッキリ！

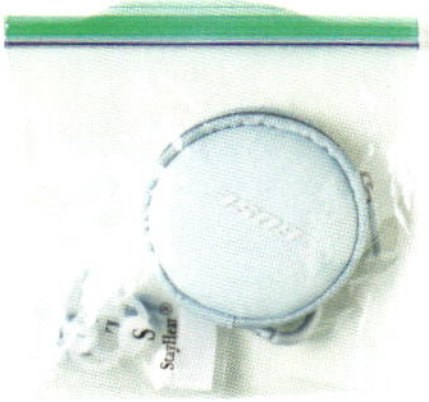

**用途が似たものを一緒に入れて**

スガさん愛用の音響グッズ。キャリングケース、イヤーチップ、ケーブルなどをひとつにまとめて。

**PCグッズを入れるのもオススメ**

形がさまざまなPCグッズもきれいにまとまる。バッグに入れておくことで、ほこりや汚れからも防ぐ。

休日は家族4人分のサンドイッチやフルーツを入れるのに、ジップロック®コンテナーの長方形と正方形の大小を縦に、横にと組み合わせて。

達人no. 7

# アンティークとグリーンが調和する家でも、旅先でも役立つ生活アイテム

BROCANTEオーナー

## 松田尚美さん

東京・自由が丘にあるフレンチアンティーク家具の販売とガーデンデザインの施工を手掛ける「BROCANTE(ブロカント)」オーナー。南フランスを中心に買い付けたアンティークの数々が人気。ご主人の買い付けに同行することも多く、その審美眼と自然を愛するスタイルはファンも多い。二児の母。グリーンのなかでも寄せ植えについてまとめた著書が発売予定(ピエブックス刊)。

時代を越えて愛されてきた家具や雑貨に手を加え、現代の生活スタイルにも溶け込むように使う松田さん。そんな彼女もジップロック®の愛用者です。

「母が製菓とパンの先生をしていたこともあってキッチンの片づけをはじめ、常に家中がきっちりと掃除、整頓されていました。その母の姿を見てきたおかげで、私も整理や仕分けが苦にならず好きなんですね。そこで役立つのがジップロック®。アンティークの小物を入れたり、家族の食事にも活用しています。ゴミを少なくしたいという気持ちもあり、詰め替える入れ物としてもジップロック®は欠かせません」

容量が130ml、300ml、700ml、1100mlなど、形によってもいろいろと展開があり使い勝手がいい。

## 軽くて子どもたちも喜んで愛用

「ジップロック®コンテナーそのものが軽く、シンプルなデザインなので息子たちも気に入っています」色味も少なく、男女問わず使い続けられます。

**食べ終わったら重ねられてコンパクト**

「ジップロック®コンテナーは、ムダのないスクエア形がいいです」と松田さん。隙間なくぴったりと料理を詰められ、崩れる心配も軽減。小さな130mlには切っただけの果物を入れてもなぜかさまになる。

# グリーンに囲まれる家で

アンティーク家具や生活雑貨とともにグリーンをそこかしこに配置。丁寧な暮らしへのこだわりが隅々まで感じられる。

**日々の中にグリーンを取り入れ、生活に潤い**

仕事、家事、子育ての合間を見つけては、玄関の花や緑の手入れを怠らない松田さん。キッチン、リビングなど部屋の中にもグリーンを飾っている。

**アンティークの細々したものの整理も最適**

素材がやわらいものや固いもの、細かなもの、ダメージをうけやすいものなど。それぞれ扱い方が似たものをバッグごとに仕分けて。何袋も重ねて入れられるので、引き出しの中の管理にも向いている。

# お仕事で

ビジューやさまざまなパーツ、
テキスタイルなど。
繊細なものが多い
松田さんのアンティーク商品。
素材や色、カテゴリー別に
ジップロック®バッグに分けて

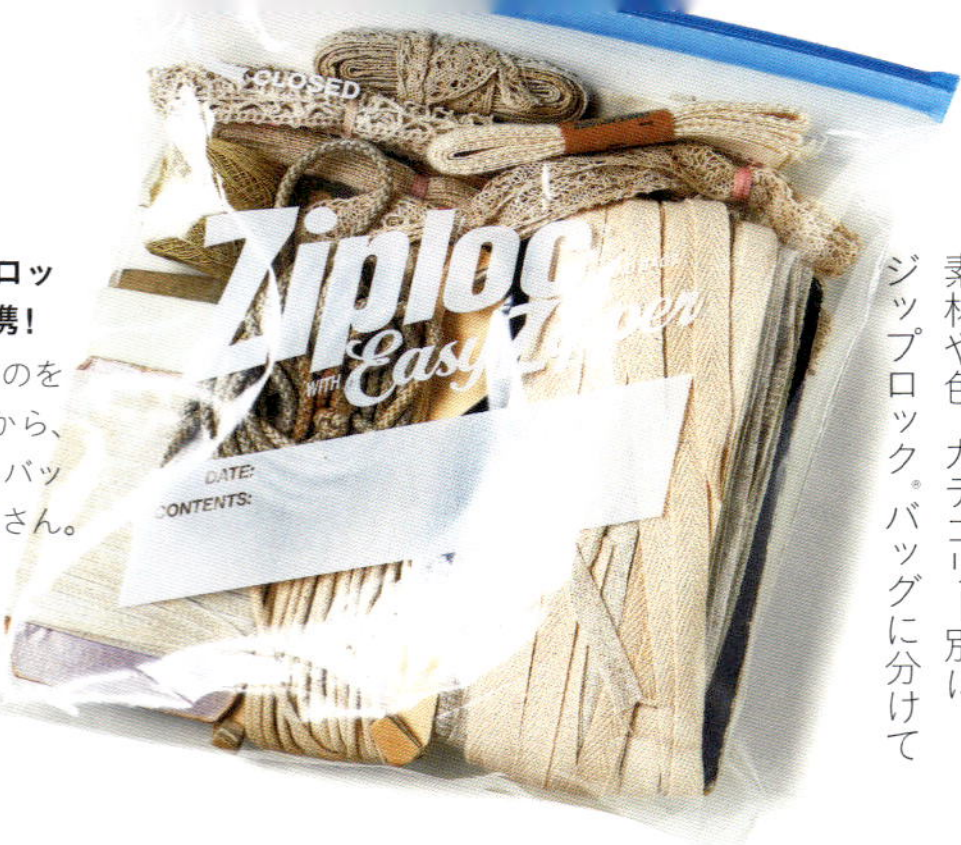


**買い付けにもジップロック®のバッグ類を必携!**

開閉がラクで買ったものをどんどん入れられるから、現地での買い付け中もバッグは必需品という松田さん。

**パール風飾りや黒リボン**

ほかのアイテムと合わせたい細かなパーツは、同色でまとめておけばコーディネートも考えやすい。

**繊細なレース**

古いものは糸がほつれていたり、切れやすくなっていることが多いのでひと袋にできれば傷まず、大助かり。

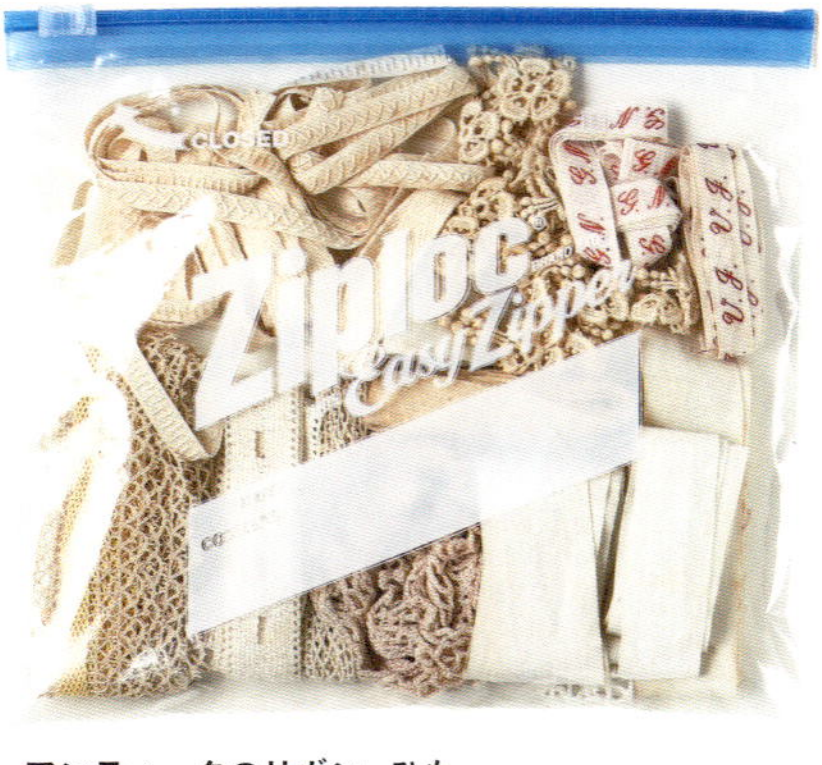


**アンティークのリボン、ひも**

長さや幅もまちまちのリボン、ひももひとまとめに。生成りやコットンなど、風合いも似たものを集めて。

**昔の種のラベル**

松田さんがまとめ買いした種のラベル。透明なジップロック®から今にない画風や色が見えてきれい。

**布用スタンプセット**

スタンプ台を数種、専用液など専門の道具をまとめて。お道具箱感覚で使えるのもジップロック®のよさ。

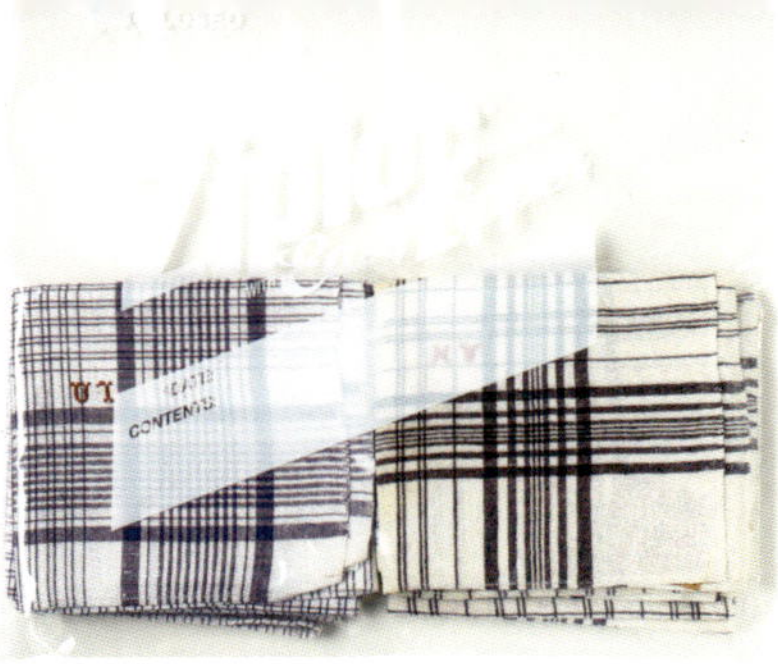


**イニシャル入りハンカチ**

ハンカチをはじめ、生地などを仕分けるのにも最適なジップロック®バッグ。たくさん重ねても入れられる。

**ブローチやイヤリング**

凝った形のブローチやイヤリングも似たサイズでまとめて。できるだけ重ならないように入れるのもコツ。

**ネックレスとブレスレット**

扱いに気をつけたいジュエリー系は、ジップロック®お手軽バッグ S に入れ過ぎないように分ける。

**花モチーフのコサージュ**

ファッションアイテムにプラスしたくなるような花々のコサージュ。繊細なものほど、バッグに入れて保護。

**パールのアイテム**

長さがそれぞれ違ったり、1つひとつがひっかかりやすいものもお手軽バッグ S に小分けがオススメ。

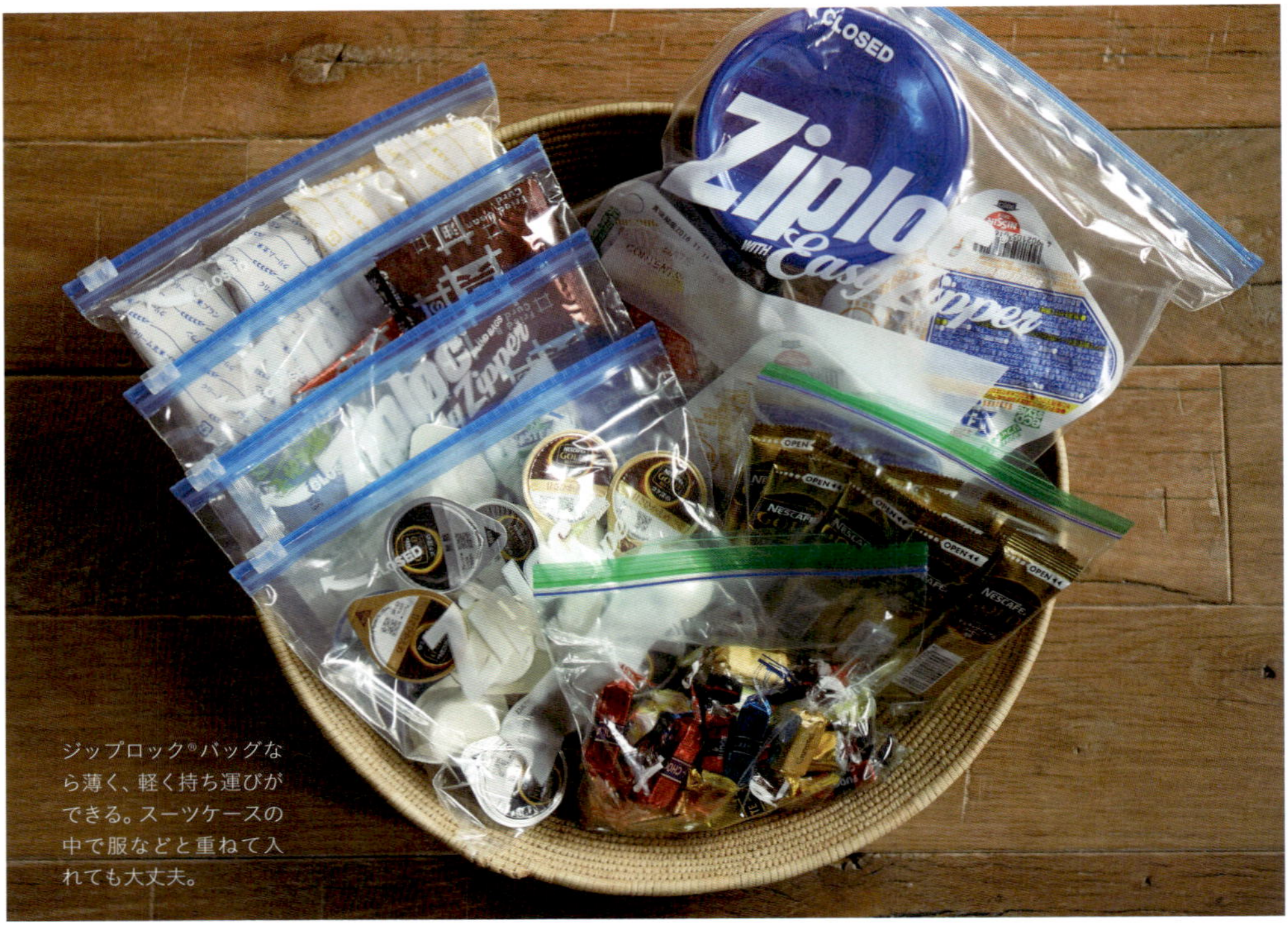


ジップロック®バッグなら薄く、軽く持ち運びができる。スーツケースの中で服などと重ねて入れても大丈夫。

# 買い付けへ行く主人に。応援セット

「現地での買い付けは食事もとれないほど、忙しく過酷です」と松田さん。そこでいつでもどこでも簡単に喉を潤し、空腹を満たすものをセット。

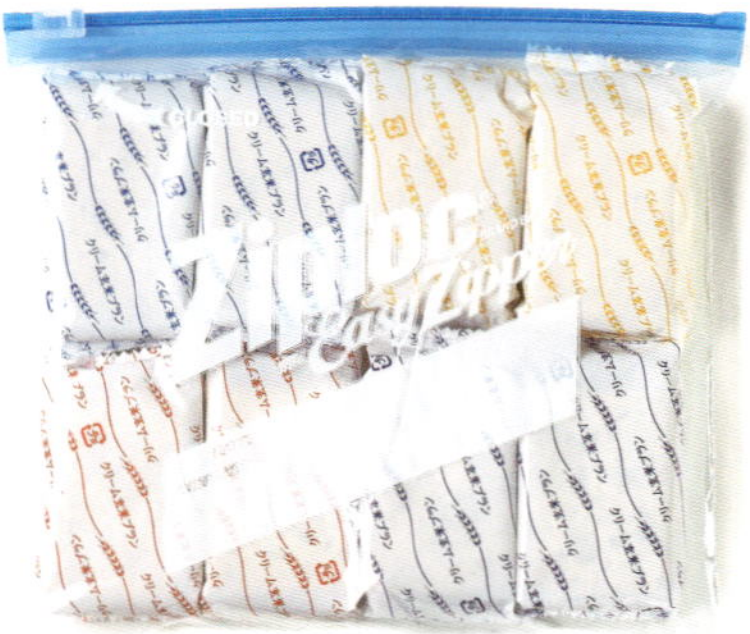


**昼夜問わず、お腹がすいたときに**

玄米や小麦を使った食べごたえのあるクリームサンドクッキー。出張中こそ、バランス栄養食が重宝。

**移動中にさっと食べられる**

1つの味やメーカーではなく、いろんな種類のキャンディーを詰め合わせて。選べる楽しみも大切。

**現地では器にもなる**

スクリューロックに入れて、お湯を注げばカップヌードルも手軽にどこでも食べられる！

**お湯を用意すれば、すぐに食べられる**

リフィル（詰め替え用）のカップヌードルは、かさばらずゴミも少なく済むのが出張中にありがたい。

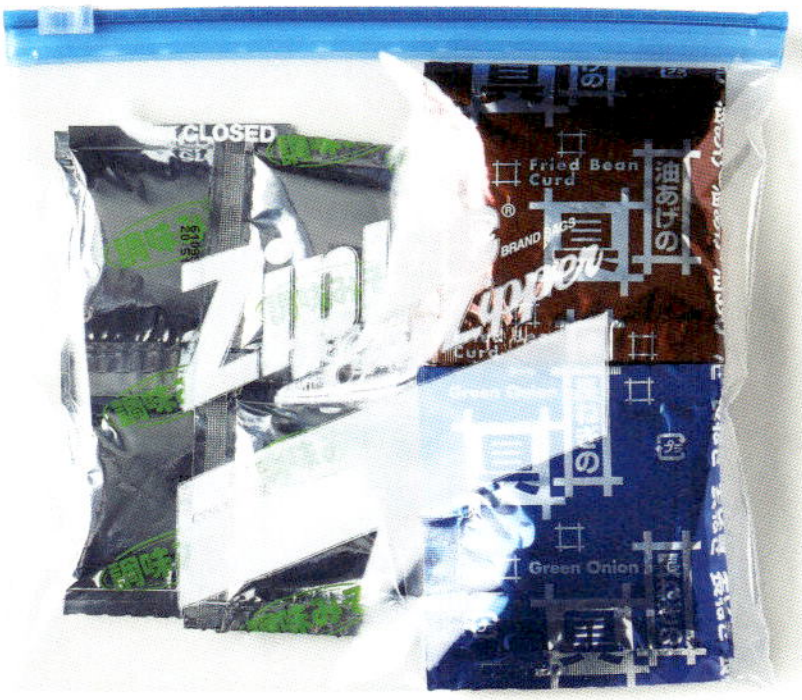

**やっぱり恋しくなる日本の味**

具つき味噌汁も欠かせない。マグでもいいが、こちらもジップロック®スクリューロックでいただける。

**冷たい水や牛乳で薄めるだけ**

希釈用ティーポーションもたっぷりな数を忍ばせて。味が飽きないようにアールグレイ、ダージリンの２種。

**アイスコーヒーならポーションが◎**

希釈用ポーションのコーヒータイプ。紅茶同様、水や牛乳で割れば、あっという間に美味しい１杯に。

**ホットコーヒーを楽しみたいときに**

スティックタイプもスペースをとらないので、デイバッグやスーツケースの中でも邪魔にならない。

梅干もフリーザーバッグで。シソ入りも。

フリーザーバッグで作る白菜漬け。

# 達人no.8

## 家族で 四季を感じて、「食」を楽しむ ための必需品

社会保険労務士

長澤淨美さん


東京都八王子市在住。仕事のかたわら2006年、夫と2人の息子とともにはじめた料理ブログ「長澤家のレシピブログ in 八王子」が話題になり、2010年『長澤家のごはん』(グラフ社)を刊行した。2006年4月からはじめた「キヨミのガーデニングブログ」(http://ameblo.jp/nkiyo/)では、「忙しくても楽しく続けられる庭づくり」を紹介して、現在1900万PVを突破。著書に『キヨミさんの庭づくりの小さなアイデア』(濃山漁村文化協会)。

# 食卓に旬の緑を

もみじ

山椒の葉（木の芽）

東京都八王子市で社会保険労務士として働く長澤浄美さん。一方、料理も玄人はだしの腕前。家族共通の趣味ではじめた料理ブログが話題になり、本も出版。多忙な仕事と家事の合間に、趣味のガーデニングや季節の料理も日々ブログで紹介しています。「フリーザーバックは料理をつくるときや保存するときなど、さまざまなシーンで愛用しています」。長澤さんのブログではフリーザーバッグを活用した肉料理や漬物などのレシピも公開。

　四季の移ろいを楽しみながら料理する長澤さん。料理の飾りにと冷凍保存した季節の葉っぱにも、ちょっとした心遣いが感じられます。

# ジップロック®で簡単！長澤家の減塩梅干

手作りだからこそ市販の梅干とは違う
昔ながらの味わい。添加物は一切使わず、
手間をかけることで自然の旨味が梅干に凝縮。

① 梅を水洗い

水で洗った梅を大きなザルに広げて、半日ほど天日干しする。

② 塩を入れる

梅が乾いたら楊枝でへたを取り除き、フリーザーバッグに入れて塩を加える。

③ 焼酎と酢を加える

フリーザーバッグに塩を入れたら、焼酎と酢も加える。

材料
梅……2キロ
塩……200g
酢……70cc
焼酎……70cc
赤紫蘇……1／2〜1把
水を入れたペットボトル（2リットル）……4本
箱……1箱
ビニール袋……2枚（ダンボールの中に敷く）

POINT

天日干しをするときにザルに紙を敷くと、梅干がくっつきにくい

※キヨミのガーデニングブログでも作り方を紹介。http://ameblo.jp/nkiyo/entry-10401519374.html

# しそ入り梅干

## ① 赤しそを入れる

梅干が漬け上がったら、漬け込んだ梅の中に赤しそを加える。

## ② 赤しそをまんべんなくいきわたらす

1日1回袋を前後にかえして、赤しそが混ざるようにする。

## ③ 再び箱に入れて漬け込む

赤しそを投入した梅を再び箱に入れて、ペットボトルを乗せて漬け込む。7月下旬まで漬けたあと水気をきり、2、3日天日干しをする。梅を漬けた梅酢は料理に使えるので捨てずにとっておく。

## ④ 全体に調味料をいきわたらす

ジッパーを閉めて、塩、焼酎、酢をまんべんなくいきわたらす。

## ⑤ 箱に保存する

ビニール袋を敷いた箱に梅入りのフリーザーバッグを保存。

## ⑥ 漬け込む

水を入れたペットボトルを梅の上に置き、重しにして漬け込む。

# ジップロック®で簡単！長澤家の白菜漬け

日々の食事のつけ合わせもフリーザーバッグを活用して、ひと手間加えれば、おうちで失敗せずにおいしい白菜漬けができる。

漬けはじめ

白菜の重さに対して4%の塩を葉の間にまぶした状態のものをフリーザーバッグに保存。

↓

3日後

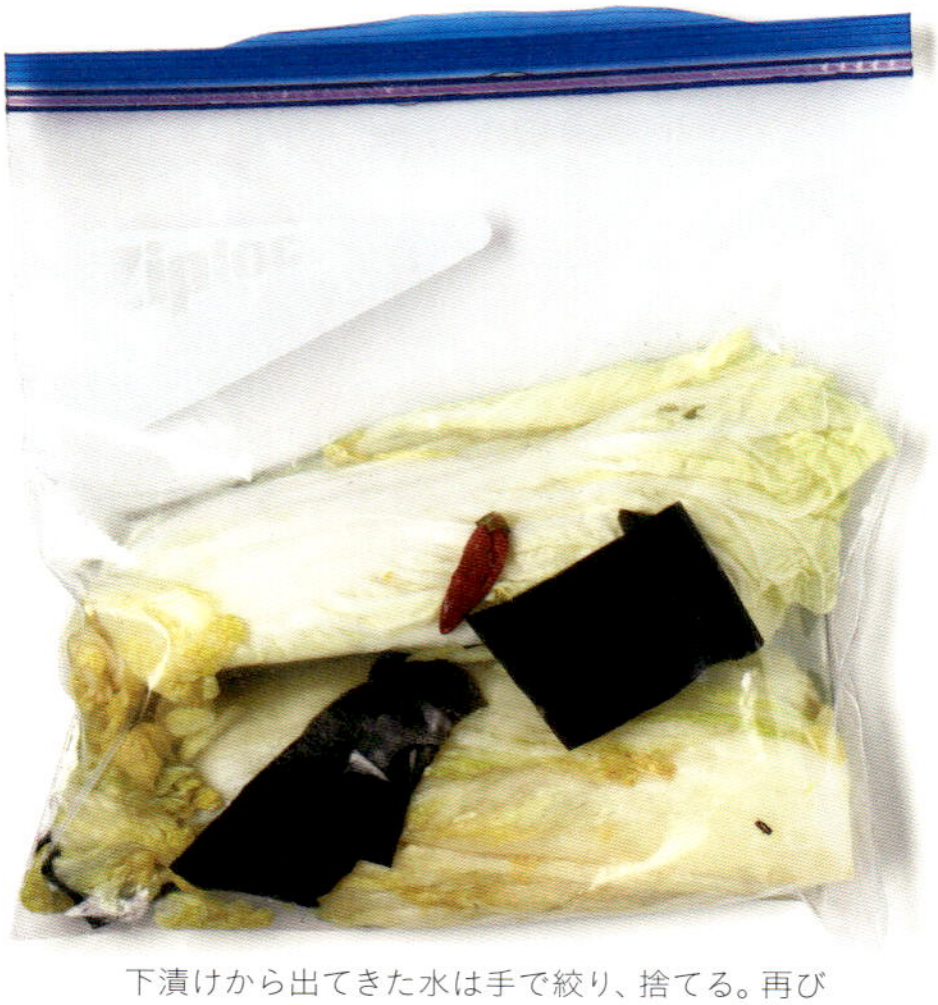

下漬けから出てきた水は手で絞り、捨てる。再び袋に白菜を戻して昆布、唐辛子を投入。

材料
白菜……1個
塩……白菜の重さの4%
だし昆布……10㎝くらい
たかのつめ……2本
水を入れたペットボトル（2リットル）……2本
箱……1箱
ビニール袋……2枚

POINT

白菜の芯よりには多く塩をまぶし、葉の先に近づくほど塩を減らしていくと、味が均一に漬かりやすい。

※キヨミのガーデニングブログでも作り方を紹介。http://ameblo.jp/nkiyo/entry-10407157585.html

① 切った白菜は天日干し

切った白菜をざるに乗せて半日天日干しにする（大きい白菜は6つ切り、小さい白菜は4つ切り）。

② 白菜の葉と葉の間に塩をまぶす

芯よりには塩を多めにまぶし、葉先に向かうほど塩の量を減らす。

③ 塩をまぶした白菜を保存

袋の空気は抜き、1〜2日間しんなりと水が上がるまで寝かせる。

④ 寝かせた白菜に昆布と鷹の爪を加える

昆布と鷹の爪を加えたら、空気は抜いてチャックを閉じる。

⑤ ビニール袋を2重に敷いた箱に白菜を入れて、再び漬け込む

水漏れ予防した箱に白菜を入れて、ペットボトルを重しに冷暗所で数日間保存。

# ジップロック®でおもてなしスペアリブ

急なお客さまや家族の集まりなど、時間がなくても簡単につくれて、豪華に見える、とっておきのおもてなし料理。

野菜は一口大に切る。買い出しできないときは家に常備した野菜をつけ合わせに焼く。

材料（4人分）
スペアリブ……450g
ソーセージ……4本
アスパラ……4本
トウモロコシ……2本
じゃがいも……2個
パプリカ（赤と黄色）……各1個
エリンギ　2本
（漬けだれ）
ケチャップ……大さじ1
酒……大さじ1
みりん……大さじ1
しょうゆ……大さじ1・1/2
砂糖……小さじ1
すりおろしたにんにく……一片
すりおろしたしょうが……少々
塩……少々
こしょう……少々

## ① 肉の下ごしらえをする

スペアリブの両面に塩、こしょうをして、よくもみ込む。

### POINT

バーベキューする際、フリーザーバッグに漬け込んだ状態で運び、炭火焼き。外で食べると、おいしさも倍増。

※キヨミのガーデニングブログでも作り方を紹介。http://ameblo.jp/nkiyo/entry-11910259792.html

② 漬けたれを作る

ジップロック®の中に手作り漬けたれとスペアリブを入れる

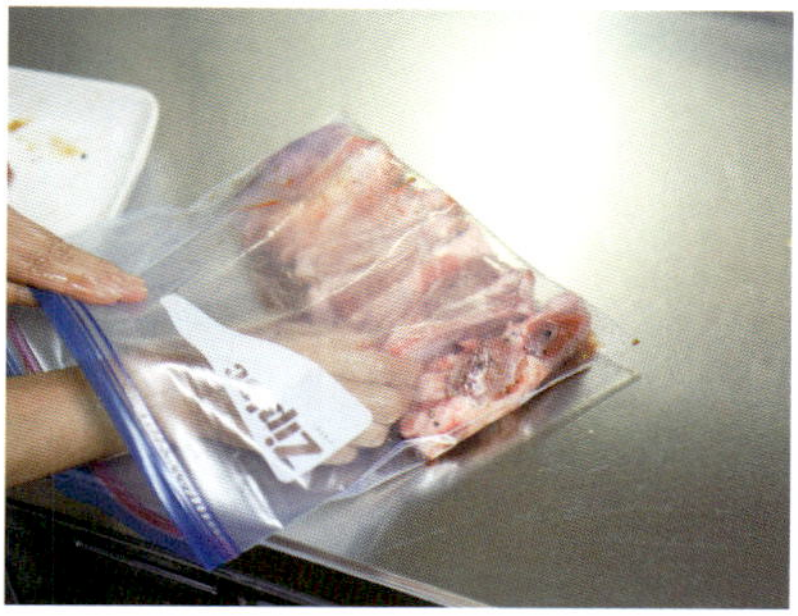

③ スペアリブを漬け込んだらフリーザーバッグから空気を抜く

たれに肉を漬け込んだら、余分な空気は抜きチャックを閉める。

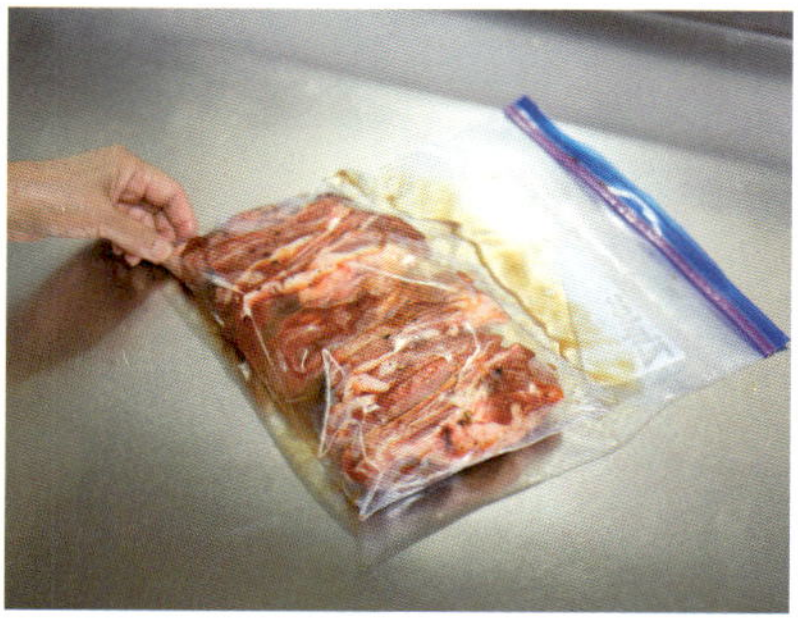

④ 袋から空気を抜いたら、さらにもむ

漬けたれがスペアリブへ染み込むように、袋を上下に返す。

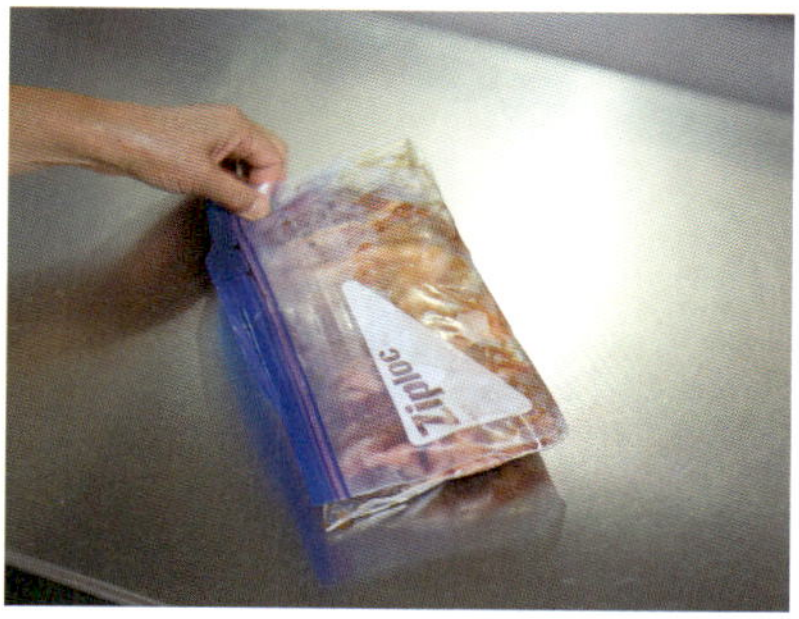


⑤ 肉を冷蔵室で寝かす

冷蔵室で1日以上寝かしてスペアリブに漬けたれを染み込ませる。

⑥ 肉を焼く

スペアリブを焼くときは、事前に一口大に切った野菜も用意。

⑦ 肉と野菜をバランスよく焼く

スペアリブがちょうどよく焼けたら、網に野菜を乗せていく。

小永井さんのキッチン戸棚には、試作品も含めたフリーザーバッグやストックバッグ、コンテナーがずらりと並ぶ。

達人no.9

# キッチン、愛犬のグッズ、子ども部屋まで、家族全員がアイデアを出して賢く使う

**旭化成ホームプロダクツ株式会社**

## 小永井里美さん

マーケティング部に所属。大学卒業以来、ずっと旭化成に勤務している。家族は夫と中学3年生の長女、中学1年生の長男の4人に加え、2歳の愛犬・しろが1匹。たくさんのジップロック®に囲まれて育ったため、子供たちも率先して新しい使い方を見つけるという、整理整頓上手の一家。東京都在住。

## 散らばるものはまとめて棚上スッキリ

散らばりやすいけれど頻繁に使うものは、スクリューロックに入れておく。表に出しておくものなので、かわいい柄の限定商品を使用。

## 箱ごと平置きして取り出しやすく

使用中の箱は、蓋を開けた状態で平置きして収納すれば、フリーザーバッグやストックバッグを片手でも取り出しやすい。

常備している一口ゼリー

家庭菜園で採れた野菜

## 作りおき食材は縦に並べて収納

冷凍庫内は縦に並べると見つけやすく、取り出しやすい。「手作りのものを食べさせたいので、週末に作りおきしています」

折らずに入るサイズの海苔

湿気やすいかつおぶし

ジップロック®のマーケティング担当として、事業計画や商品計画、広告宣伝などに携わっている小永井さん。家には試作品はもちろん、研究用に持ち帰ったアメリカでのみ販売されている製品まで、ジップロック®がたくさん！「家で使ってみて、その使用感や用途などを会社に報告します。どんなものを入れたら便利か、子どもたちもアイデアを出してくれるんですよ」と小永井さん。生まれたころからジップロック®に囲まれて育った子どもたちは、アイデア満載！　なくしやすい持ち物や勉強道具などを率先してストックバッグに入れ、管理するのに協力してくれるそうです。

# 使いたい時にサッと取り出せるように細かいアイテムは種類ごとにまとめて収納

保険証や病院のカードなどは、至急必要になることも多いもの。「すぐに取り出せるように、できるだけ種類ごとに分けています」

大勢集まったときだけ活躍する、ゲームのコントローラー。普段はジップロック®に入れてしまっておけば、ホコリよけにもなる。

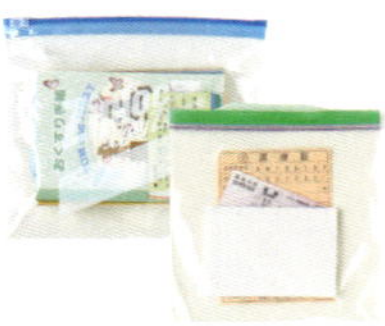

**急いで病院へ
行くときも安心**

溜まりやすいカードは種類ごとに保管。病院のカードや保険証をまとめておけば、急病でもすぐに取り出せる。

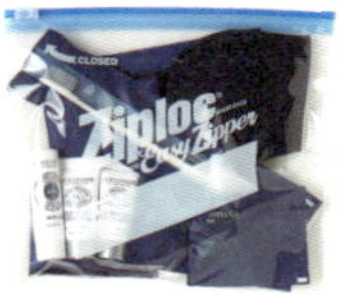


**飛行機内で使う
セットをまとめて**

持ち帰ったホテルのアメニティは、機内など旅先で使うのに便利。普段からまとめて入れておけば、旅の支度も楽に。

**捨てられない
小物類は同じ袋に**

どの家にもある、頻繁には使わないけれど捨てられない小物たち。すべて同じ袋に入れておけば、探す手間も省ける。

**普段使わない
コントローラーを収納**

コントローラーのようなコード付きのものは、絡まりやすいのも難点。袋に入れておくことで、絡まりも回避できる。

# 毎日のお散歩で使う犬用グッズもジップロック®に入れて清潔に

お出かけセットは玄関先に。「フンの始末や犬用おもちゃなど、汚れる物も多いので、バッグ内の清潔さを保つようにしています」

愛犬・しろくんのお散歩にはいつも、袋に小分けしたアイテムをまとめたバッグを持参。

**散らばりやすい**
**トリム用アイテム**

犬用のコームやハサミなど、トリムのときに使うアイテムは細かくて散らばりやすいので、ひとまとめにしておく。

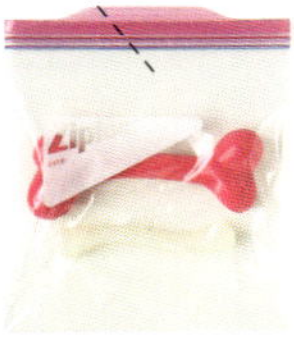

**お気に入りの**
**遊び道具を清潔に**

しろくんお気に入りのおもちゃは散歩にも持っていくので、忘れないようにいくつかの袋に小分けしてあるそう。

**濡れてもしまいやすい**
**犬用シューズ**

雨の日やぬかるんだ道を歩くときは、しろくんにシューズを履かせることも。汚れやすいので必ず袋に入れている。

# 姉と弟、二人の持ち物が混ざらないようジップロック®を使って部屋や荷物を管理

弟が学校に持参しているリュックサック。「前に定期入れや鍵をなくしたときに大変だったので、それ以来いつも袋にまとめています」

細かい小物をまとめることで、スッキリと片付いた机で勉強に集中できる。

**汗をかいても**
**そのまましまえて便利**

たっぷり汗をかく部活のウエアは、使用後も袋に入れれば、カバンの中をぬらさない。1回ごとに袋は使い捨てで使用。

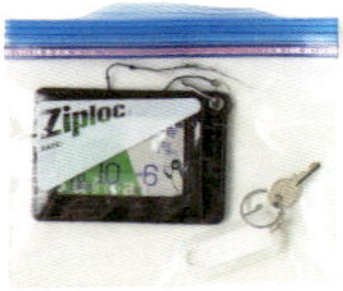


**落としたら困るものを**
**大きめの袋に**

あえて大きめの袋に入れることで、カバンの中で見つけやすいのも利点。定期券は袋から取り出さず、このままタッチして使う。

# 勉強用アイテムをまとめれば スッキリした机で集中できる！

筆記用具や文房具など勉強に使うものから、髪飾りやストラップなど女の子らしい雑貨まで、お姉さんの机には細かいものがたくさん！ 取り出しやすさを考えて、コンテナーやスクリューロック、バッグを使い分けているそう。

## 雑貨

**ストラップ、キーホルダー**

「おみやげでもらった大事なものも多いので、スクリューロックで大事に保管しています」

**ヘアアイテム**

丸い形のスクリューロックに入れると、ゴムやアクセサリーも取り出しやすい。

**スタンプ、テープなど**

使用頻度の高い雑貨をまとめたコンテナー。お友達への手紙を書くときなどに使用。

## 持ち物

**スイムウェア**

部活用のスイムウェアは、弟と同様にぬれたあとも袋に入れて持ち運ぶ。

**ブランケット**

肌寒いときに学校に持っていく。「空気を抜いて封をすればコンパクトに持ち運べます」

## 文具・勉強道具

**付せん紙**

形も大きさもさまざまな付せん紙は、ストックバッグに。見つけやすいように並べておく。

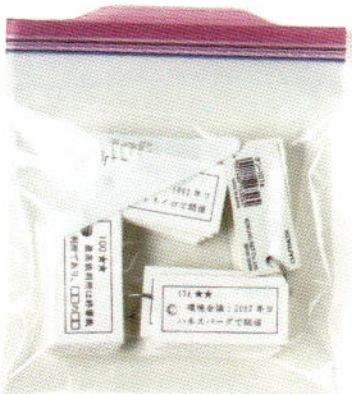

**暗記用カード**

バラバラになりやすい単語カードも袋で管理。「弟と一緒に使うので、なくなりやすい」

**クリップ**

紙をはさむのに使用するクリップは、小さなサイズのコンテナーに入れる。

**ホチキス、クリップなど**

スクリューロックに入るサイズの小さな文具をまとめておくと、必要なときに探しやすい。

## 片づけ上手の子どもたちに成長！

食べかけのおやつ、使いかけの文房具、ゲームのコントローラーなど、子どもたちはジップロック®を使って、率先して片づける習慣が身についている様子。「使い方を考えるのも楽しいみたいです」と小永井さん。

達人no. 10

# ビーズや
# ぬりえ、折り紙、
# パズルのパーツ。
# 遊び道具が
# たくさんあるのに
# 散らからない

**旭化成ホームプロダクツ株式会社**

片桐英昭・佳代さん

サランラップ®などの営業を経て、現在はマーケティング部の部長。家族は、同じ会社に勤める妻の佳代さんと5歳の長女、義母の4人で、東京都在住。子供の遊び道具から毎日使うカバンの中身まで、さまざまなジップロック®製品を駆使して暮らしている。

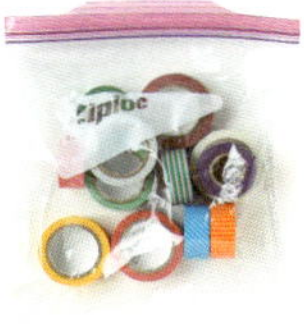

マスキングテープ

ふわふわボール

クレヨン

着せ替えパズル

すごろくゲーム

おりがみ

## 小分けした袋を縦置きするとスッキリ！

細長い収納棚は、場所を取らずに多くのものを収納できるので便利。細かいものの多い子供のアイテムを、種類ごとにジップロック®に入れて整理している。

ぬりえと色えんぴつ

アイロンビーズ

教材

工作や折り紙作品

5歳のお嬢さんは、意外とやんちゃ！「元気に走り回ったり、すぐになんでも触ったりしてしまうので、娘がけがをしないように工夫して暮らしています」と片桐さん。危ないものを手の届かない場所にしまうことや、足元にものを置かない生活を心がけるためには、収納が肝心。片桐家では、細かいものはジップロック®に入れることで、棚にスムーズに収納できるようにしています。また、散らかりやすいおもちゃも種類ごとにバッグに入れることで、おもちゃをしまうスペースも最小限に。お嬢さんは、使ったあとはバッグやコンテナーに自分でしまう習慣も身についているそうです。

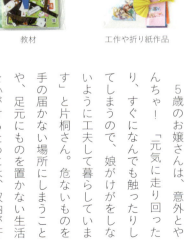

細かいビーズや
アクセサリーは
コンテナーを
積み上げるとスッキリ

アクセサリー用ビーズ

遊び＆勉強用の道具箱

ヘアアクセサリー

ヘアゴムやピン

おもちゃの鍵

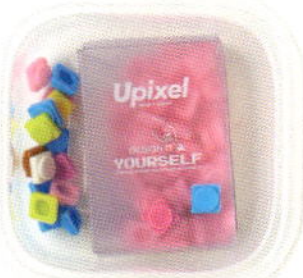


おもちゃのパーツ

## スクリューロックも積み重ねOK

ビーズやアクセサリーなど、細かいアイテムはコンテナーやスクリューロックを活用。うっかり倒してもこぼれにくいので、子どもでも扱いやすい。しっかりと蓋がしまるので、落としても散らばらない！

## いつもそばにジップロック®が あるから自然と 片づけの習慣が身につく

コンテナーやバッグから出した遊び道具は、必ず自分でしまうこと。幼いころからその習慣が身についているので、子どもでも自然に片づけ上手に。

### スカーフ

肌寒いときに肩にかけるスカーフは、そのままバッグに入れると別のアイテムが布に引っかかりやすいので、袋に入れておくと安心。

### レインコート

雨でぬれたあとも、そのまま袋に入れればカバンの中がぬれない。空気を抜いてからジッパーを閉じれば、バッグの中でかさばらない。

仕事用バッグ

## 仕事用のバッグとママバッグは すぐに取り出せるように 小分けが必須

働くママの佳代さんは、仕事用バッグと子供とママバッグとの2種類を常備。アイテムごとに袋を使って仕分けているそう。「毎日必要な会社の勤務証や定期入れはひとまとめにしておくと、カバンを変えても忘れません」

ママバッグ

### シール

子どもが大好きなシールは、時間を持て余したときのために多めに用意。バラバラになりやすいので、いつも袋に入れている。

### 日焼け止め、救急セット

ママバッグの必需品。ばんそうこうや消毒薬など、急なけがにも対応できるセットをひとまとめ。夏場は日焼け止めも欠かせない。

### 色えんぴつ

お絵かき用の色えんぴつ。佳代さんは仕事用の筆記道具も同様にまとめていて「透明な袋だと、目当てのペンが見つけやすい」そう。

### おやつ

子どものおやつは数種類必要。袋に入れておくことで取り出しやすい。開封済みのお菓子も湿気にくくなって、一石二鳥。

## 形、サイズ、しまいやすさ……ピタッと合う ジップロック®を選べるようにさまざまな種類を常備！

キッチンの戸棚にはいつも、さまざまな種類のバッグやコンテナーなどが置かれて、料理はもちろん、使いかけの食材やアイテムをまとめるのに使用されている。

## 夫婦ともに仕事が忙しいからこそ 家庭では片づけと収納にこだわる

片桐さん夫妻は忙しい共働きだからこそ、ジップロック®を上手に使い、ものが散らかるのを防いでいるそう。子どもが安全かつ快適に過ごせように、使ったあとはすぐに片づけることと、スッキリとした収納にこだわっている。

**出し入れしやすい貯金箱**

余った小銭を入れるのに、以前は貯金箱を使っていたそう。「貯金箱だとちょっと必要なときに取り出すのが大変なので、スクリューロックに入れると便利だと気づきました」

達人no.11

# 暮らしを支える小さなアイテムを使いやすく。ジップロック®でもっと活用！

**旭化成ホームプロダクツ株式会社**

## 浅田昌吾さん

マーケティング部に所属し、商品企画グループ長を務める。主に、サランラップ®以外の商品全般を管轄し、新商品企画開発に携わる。家族は妻と大学生の長女、高校生の長男に加えて、猫2匹。やんちゃな猫たちがいたずらをしないよう、けがなく暮らせるように気を配って生活している。神奈川県在住。

## 細かいアイテムは種別ごとにまとめて収納

**汚したくない封筒や祝儀袋**

人に渡すものだからこそ、封筒や祝儀・不祝儀袋は汚さずに保管したい。ストックバッグに入れておけば、湿気防止にも。

**なくしたら困る印鑑は数本をまとめて**

大切な印鑑は、一家に数本はあるもの。バラバラに入れておくと、いざというときに見つからないので、まとめて保管している。

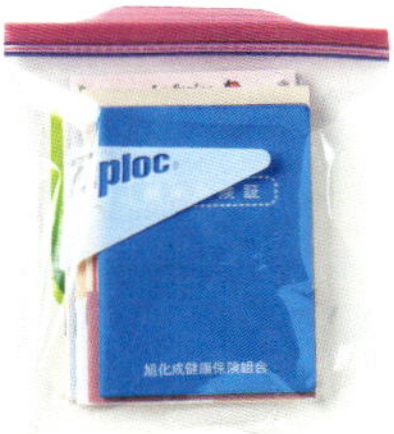


**大切な通帳は一袋に**

通帳も棚に入れると散らばりやすく、肝心なときに見つからないことも。使用後はすぐに袋にしまう習慣をつける。

## その他の使い方

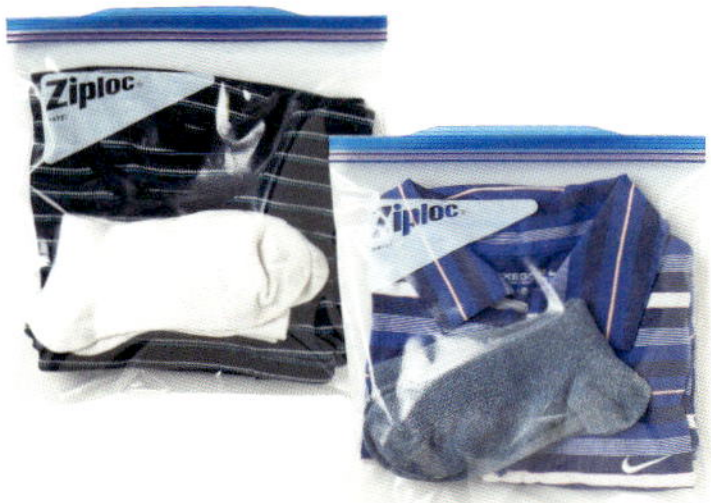


**1回分の着替えを1パックに**

出張やゴルフに行くことも多い浅田さん。シャツや靴下、パンツなどの着替えを1パックにまとめて、宿泊日数分用意すると便利。

**散らばるゴルフグッズを管理**

趣味のゴルフは、ボールやティーなど、細かいものが多いので、すべてストックバッグにまとめて管理。ボールには手描きで猫の絵が。

**カバンの中を濡らさない一工夫**

折り畳み傘は、袋をなくしてしまうことも多いもの。でもストックバッグに入れて持ち歩けば、濡れたあとも入れられて安心！

# 使いかけの食材や粉ものは、個別に仕分ければ忘れずに使い切りやすい

## 食材ごとにまとめることで縦に並べられて収納しやすい

家族4人分となると食材の量も多く、管理も大変。深さのある野菜室に重ねて入れてしまうと、下に使いそびれた食材がたまる事態に。個別にストックバッグに入れ、縦に並べて収納すると、忘れずに使い切りやすい。

大根

かぶ

昆布

トマト

にんじん

ほうれん草

玉ねぎ

しょうが・にんにく

## 意外といたみやすい粉ものも
## 密閉保存して湿気と飛散を防止

浅田家は一般的な小麦粉やパン粉以外に、強力粉やたこ焼き粉まで、粉もののバリエーションが豊富。傷みやすいので必ずストックバッグに入れて、冷蔵庫で管理。冷蔵庫内の湿気が心配なので、きっちり封をする。

強力粉

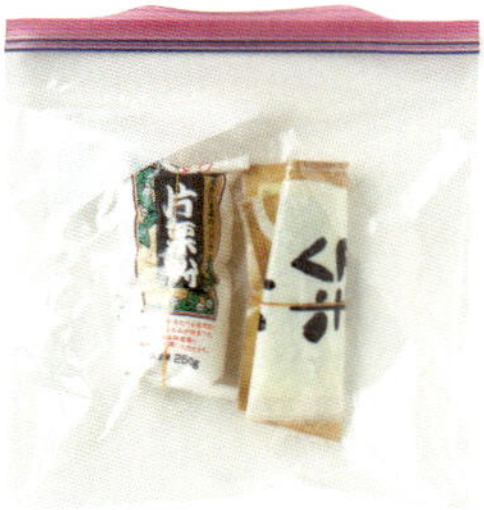

片栗粉

小麦粉

パン粉

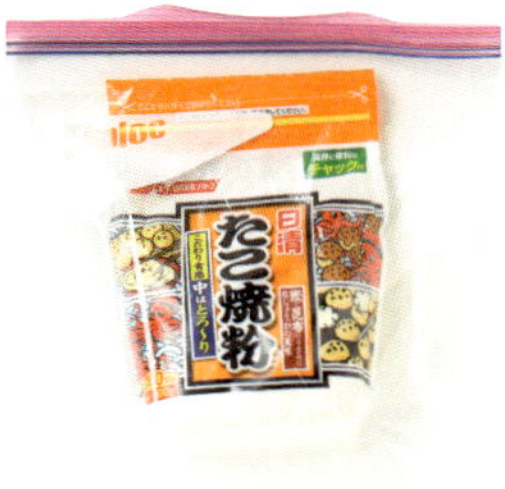


たこ焼き粉

薄力粉

ちょっとおてんばな銀時君と、人見知りでおとなしいみなみちゃんの2匹の猫がいる浅田家。猫たちが走り回るとき、物を落として壊すことが何度かあったので、自然と「余計なものは表に出さず、整理して片づける」生活を心がけるようになったそう。「猫たちがものを壊すことも心配ですが、それ以上に壊れたものでけがをしないよう、安心して生活してほしいと思っています」と、浅田さん。そのために家族全員が、数々のジップロック®製品を使い、こまめに仕分けして収納する習慣を意識しているそうです。猫用グッズももちろん、ジップロック®で整理&管理しています。

# 調味料は横からすぐ判別できるようスクリューロックに入れて棚に収納

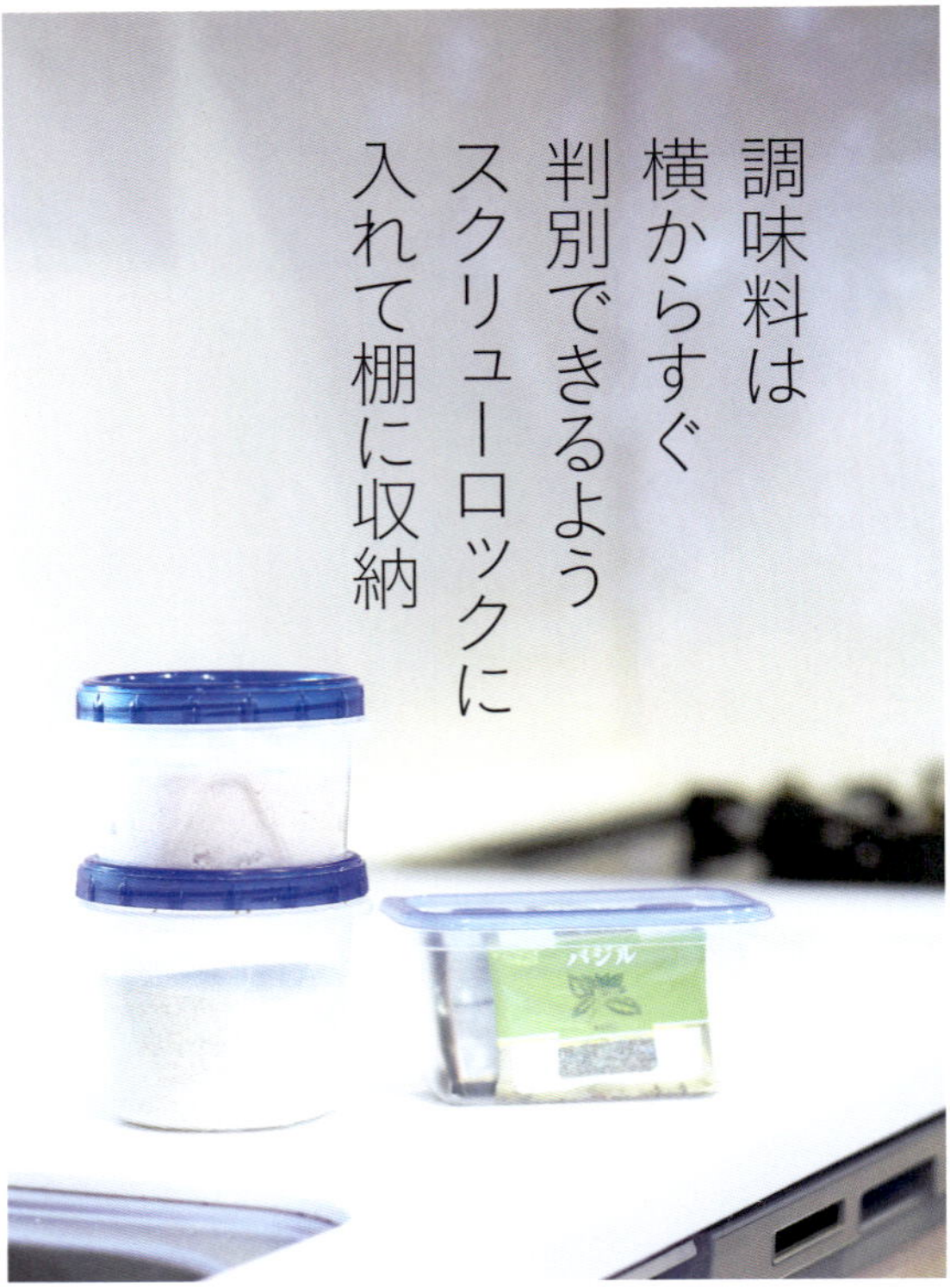


## 横に並べて収納するから容器の形にもこだわりを

冷蔵庫や棚に収納する場合、調味料は必要なときに迷わずサッと取り出せることが大切。横に並んだときに中身が判別しやすい容器を選ぶとよい。スクリューロックなら、蓋もしっかりとしまるのでこぼれず、湿気防止にも効果的。

三温糖

塩こうじ

昆布だし

ザーサイ

塩レモン

**コーヒーや紅茶はまとめて**

使いかけで置いておくことの多いコーヒーや紅茶は、むき出しだと棚の中ににおいが充満しやすいので、ストックバッグにまとめる。

**立てかけ収納で取り出しやすく**

コーヒーフィルターなど、湿気が気になりにくいものはコンテナーの蓋をはずして、立てかけて収納する使い方も便利。

## 愛猫のケア用品

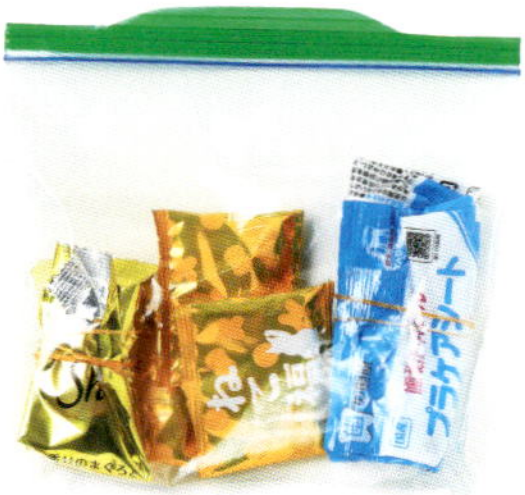

**ブレスケア用品やおやつはこちら**
使いかけで置いておくものほど、適当に置くと散らばりやすい。それらをまとめる袋を作っておくと、棚の中で迷子にならずにすむ。

**細かいトリム用品をまとめて**
コームやはさみなど、猫たちのケアに必要なアイテムをひとまとめに。直接肌に触れるものもあるので、密閉して清潔さをキープ。

## エサ一式

**エサごとに入れ替えて乾燥対策を**
猫たちのお気に入りのエサは2種類あるので、すぐにはなくならないもの。袋からコンテナーに入れ替えておけば、湿気対策に。

**エサ皿もジップロックで清潔に**
猫のエサ皿は洗ってからよく拭いて、ストックバッグへ。タオルも一緒に詰めておくと、拭き残しの水分を吸収してくれる。

**小さなパッケージのエサは分けて**
ときどき食べるおやつはパッケージが小さく、ほぼ一食分なのでわざわざ入れ替えず、袋にまとめて管理。残りも把握しやすい。

番外編｜

# ジップロック®使いの達人ネタ

毎日さまざまなジップロック®製品に触れているからこそ、旭化成社員の自宅には使い方のアイデアが満載！ ちょっとしたアイデアのヒントをまとめました。

## 週末にまとめ買いした食材を下ごしらえして上手に保存

管理栄養士の資格を持ち、日々おいしい料理を手作りしている熊崎さん。外食や出来合いのものもあまり利用しないそうで、すべて手作りした料理だからこそ、残った食材も含めてジップロック®でのストックは欠かせない生活習慣です。「仕事も忙しいので、食材は週1回まとめ買いしたものを1週間使いまわしています。週末にまとめて下ごしらえしたら、無駄なく使いきれるように保存と管理をこまめにしています」

熊崎靖子さん

2004年から現在まで、旭化成ホームプロダクツ株式会社勤務。管理栄養士の資格を持ち、食品保存やレシピ作成など、商品の用途開発と管理に携わる。夫と二人暮らし。

### リーフレタスの保存は水切りが重要

リーフレタスは1枚ずつはぎ取って水にさらし、よく水気を切る。さらにコンテナーの底と一番上にキッチンペーパーをのせる。様子を見ながら、数日ごとにペーパーを替える。

### キャベツは丸ごと冷蔵、刻んで冷凍

冷蔵保存のときは、マチ付きのスタンディングバッグに丸ごと入れると、取り出しやすい。冷凍する場合は刻んでからフリーザーバッグに。そのままコールスローを作ることも可。
※詳しいレシピはこちら：
http://ahp-recipe.jp/sheet.php?recipe=1060

### きのこは小分けして保存すると便利

きのこは、1回ずつ使う分を小分けにしてラップで包み、ストックバッグに入れて冷蔵保存。使いきれなさそうなときは、週半ばの時点でフリーザーバッグに入れ替えて冷凍する。

## コンテナーで作る、鶏の和風マリネ

コンテナーを使用した手軽なレシピ。下味をつける段階で鶏むね肉をコンテナーに入れ、蓋をずらして電子レンジで加熱する。冷めたら細切りのきゅうりやにんじん、長ネギと赤トウガラシもコンテナーに入れ、蒸し汁をベースに作った調味料に漬け込んで作る。コンテナーのまま冷蔵保存できるので便利。
※詳しいレシピはこちら：
http://ahp-recipe.jp/sheet.php?recipe=21

## サバは塩とみそ、2種類の味で保存

週末に購入したサバは、塩を振ったもの(左)は週前半に、みそ漬けにしたもの(右)は味をよくなじませてから食べたいので週後半に使う。いったんは冷蔵保存し、予定が変わってその週に食べられないときは、そのまま冷凍室へ。食べるときは、冷蔵室で解凍してから焼くそう。

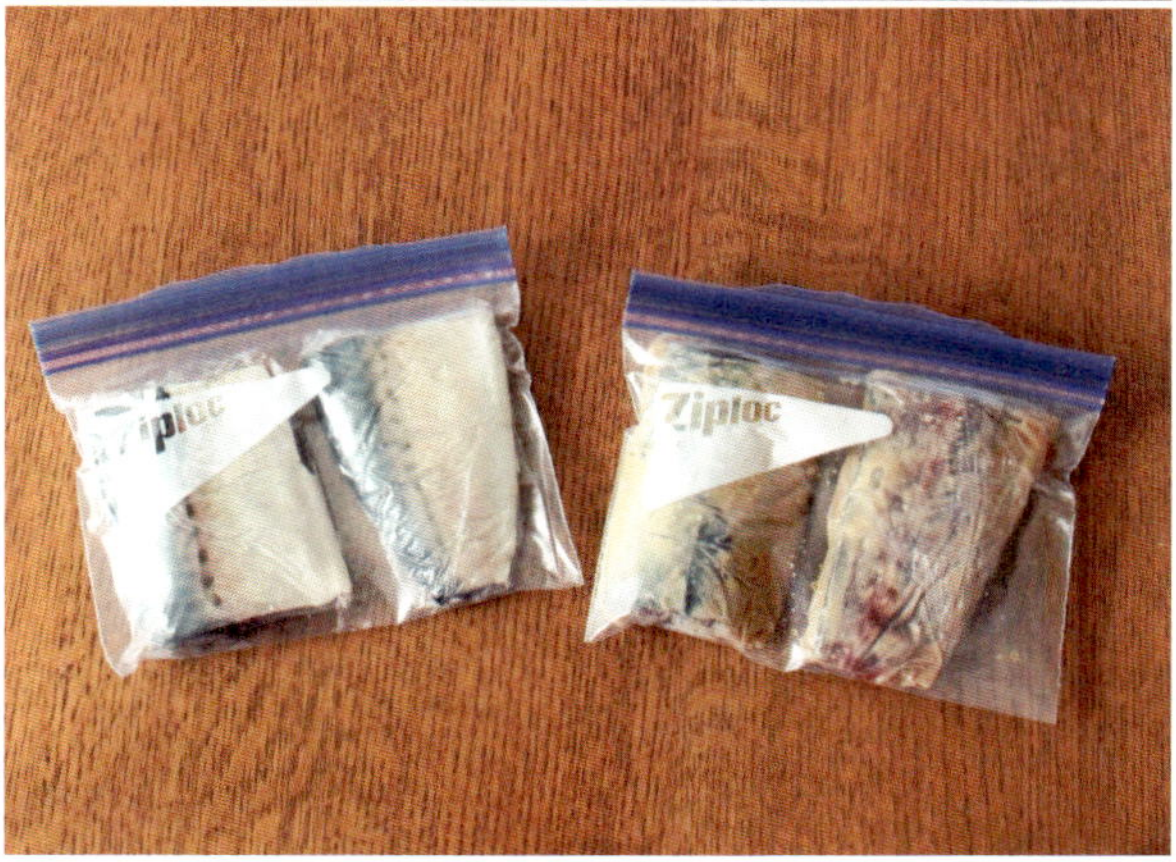

## 余ったブルーベリーも冷凍可能

ブルーベリーは、スクリューロックに入れたものが冷蔵用、フリーザーバッグが冷凍用。お徳用でたくさん手に入れたときは冷凍し、半解凍くらいでいただく。

## ご飯は熱いうちに包んで冷凍

白飯と寝かせ玄米の2種類。熱いうちにラップで包み、冷めたらフリーザーバッグに入れて冷凍する。1週間分をまとめて炊いて保存し、温めるときはバッグから取り出し冷凍のまま電子レンジで加熱。

## 朝食用パンは1週間分を保存

レーズンパン、くるみパン、ミルクハースなどを1週間分まとめて焼いている。時間がないときは、発酵なしでできるコーンブレッドのことも。小分けにしてラップに包んで冷凍。

## 児嶋和生さん

2007年に旭化成ホームプロダクツ株式会社に入社。サランラップ®のマーケティングを担当している。なるべく家にものを置かず、こまめに捨てる生活を心がけている。

### 持ち歩くものが多いので荷物はできるだけコンパクトに

マーケティング部に所属する児嶋さんは「会社のデスク周辺は、仕事で使用するものがあふれがち。帰宅したときはくつろぎたいので、できるだけ家にものを置かないようにしている」そう。また、出張も多いため、移動時にかさばらないよう、ジップロック®で小分けすることで、スッキリとしたカバンの中を心がけている。

#### ぬれてもすぐしまえる傘

折り畳み傘は専用の袋をなくしてしまうと、使用後にカバンにしまえなくて面倒。イージージッパーに入れて持ち運べば、しっかりと密閉できるので水濡れの心配がなくなる。

#### 出張時の衣類の仕分けに

出張のときはビジネスシャツや下着など、衣類をイージージッパーに入れてカバンに。普段の持ち物と一緒でも汚れにくく、使用後もそのまま入れて持ち帰れるので便利。

#### 2枚のジップロック®を使い分け

児嶋さんは「汚れていない、きれいな服を入れるイージージッパー」と「着用後、汗をかいた服を入れるイージージッパー」の2枚を用意。そうすることで上手に再利用している。

#### 飛行機内で使うマスクを清潔に

出張時、飛行機内の乾燥対策にマスクを持ち歩く際には、ストックバッグに入れておけば衛生面でも安心。少し外してつけ直したいときも、むき出しでしまわずに済む。

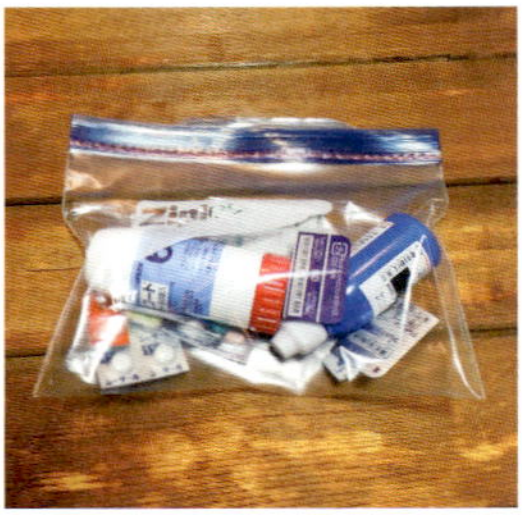

#### 散らばりやすい薬類をまとめて

風邪やアレルギー性鼻炎用の薬などを持ち歩いている児嶋さん。自宅でも会社でも飲むものなので、いつも袋に入れておけば持ち運ぶときに楽。散らばることもなく清潔に保てる。

## 高橋祥子さん

2015年に旭化成ホームプロダクツ株式会社に入社。東日本営業本部に所属し、サランラップやジップロック®などを小売店の仕入れ担当に売り込む日々。両親と弟、妹の5人家族暮らし。

### 5人家族で暮らしているから持ち物は小分けにして管理

「家族が多いので、探し物をするのが大変なことも。なくさないよう、自分の持ち物は小分けにして整理している」そう。また、出張はもちろん、プライベートで旅行するのも大好きで、旅のパッキングはお手の物！　散らばりやすいアイテムを種類ごとに小分けし、イージージッパーにまとめている。最近の旅先は北海道とグアム。

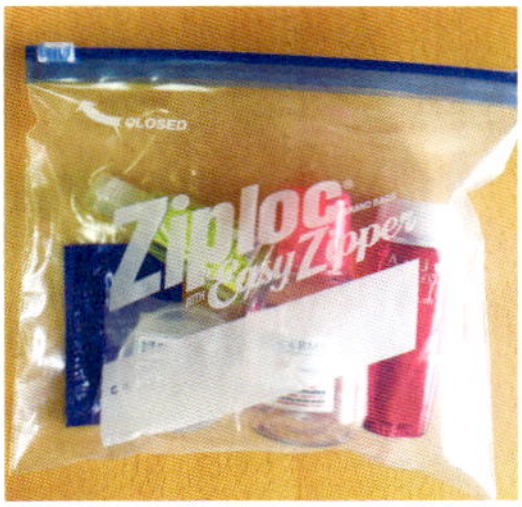


#### 機内持ち込みの液体類も安心

最近は、機内に持ち込める液体の量が定められているもの。まとめて一つのイージージッパーにしまっておけば量も確認しやすく、また狭い機内で使うときも出し入しやすくて便利。

#### 大切なものを一式まとめて

パスポートや航空券など大切なものは、提示を求められたときにサッと取り出せるよう、ひとつの袋にまとめておく。大きなカバンに入れても迷子になりにくいので、手間も省ける。

#### 液もれしやすいものをガード

スーツケースを預ける場合はとくに、途中で揺らされることも多いもの。衣類などにかからないよう、液体入りのボトルなどは液もれを想定して、イージージッパーでしっかり密閉を。

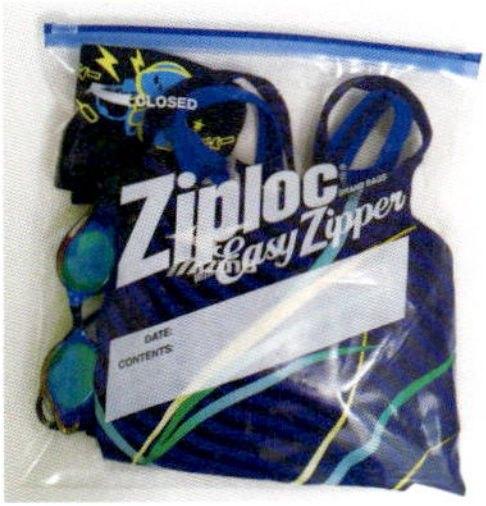


#### ぬれたら新しいものに取り替えて

ジムのプールで泳ぐ日は、水泳道具をイージージッパーに入れて持ち歩く。水着やキャップを清潔に保つため、一度使うごとに新しいものに取り替えている。

#### 読みかけの本をきれいに保つ

本はイージージッパーに入れて持参。雨の日など、持ち歩く途中に本が濡れたり汚れたりするのを防ぐほか、カバンの中で本が勝手に開いて、ページが折れることがないのも利点。

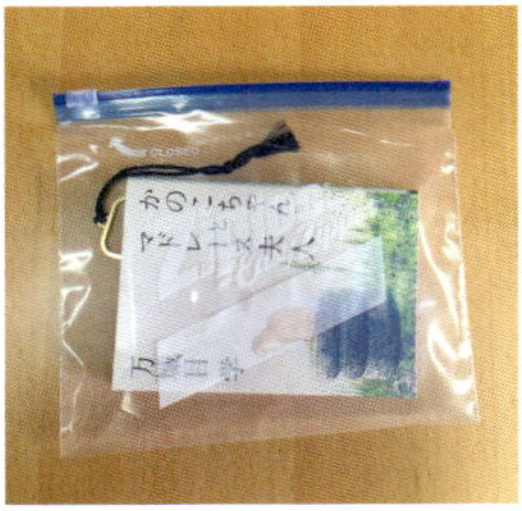

#### 絡まりやすいコード類を整理

旅先へは充電器やイヤホンなど、コード類を持ち込むことも多い。適当にしまうと絡まってしまい、取り出しにくくて大変なので、高橋さんはすべて束ねてからひとつの袋に収納。

# ジップロック®の使い方 なんでもQ&A

**Q** 袋を再使用したいのですが、何回くらい使えますか？

**A** 食品を入れる場合は、衛生上1回限りの使用がおすすめです。

**Q** 「ジップロック®」のバッグシリーズは、液状のものの持ち運びに適していますか？ また、「ジップロック®コンテナー」はどうですか？

**A** バッグシリーズでの、液体の持ち運びはおすすめできません。コンテナーで液状のものを持ち運ぶ場合には、7分目以下で。その際に横にしたり激しく振るのはＮＧです。完全密封ではありません。

**Q** 「ジップロック®」のバッグシリーズは使用前に中を洗ったほうがいいの？

**A** 洗わずに使っても大丈夫。袋の内側は外気に触れずに製造されています。
※コンテナーやスクリューロックは洗浄してから使ってください。

**Q** 「ジップロック®」のバッグシリーズは電子レンジ使用ＯＫ？

**A** 加熱はＮＧです。電子レンジ加熱には使用しないで！「フリーザーバッグ」、「イージージッパー」、「スタンディングバッグ」はレンジ解凍に使用可能ですが、必ずバッグの口を開けてください。なお、油分の多い食品は耐熱温度を超えることがあるので、レンジでは解凍しないでください。

**Q** 「ジップロック®コンテナー」は食洗機で洗えますか？

**A** 食洗機の取り扱い説明書で『プラスチック製品』を洗うことが可能かどうかを確認してください。使用可の場合も、食洗機内の置き場など、破損や変形のおそれがない場所に置いてください。

**Q** 「ジップロック®コンテナー」は落としたりぶつけたりしても壊れませんか。

**A** 衝撃を与えると壊れることがあります。

※「ジップロック」「イージージッパー」「スクリューロック」「サランラップ」は、旭化成ホームプロダクツ㈱の登録商標です

# ジップロック®
# 完全ガイド

軽くて使いやすい、機能的で美しい形。
シンプルな暮らしに役立つ、ジップロック®です。
もっと自由に、もっと楽しく、
自分らしい使い方で
いろんなアイデアを詰め込んで
素敵な毎日を始めましょう！

# ジップロックコンテナー

**薬味や小物を入れるのにピッタリ！**

## コンテナー正方形130ml

内容量 130ml
縦 80mm
横 80mm
高 53mm
11g

コンパクトなサイズで
シェイプもかわいい。

刻みネギなどの薬味を
入れて下ごしらえに。

目薬や化粧品にも
ちょうどいいサイズ。

**コンテナーシリーズの特長**

1 組み合わせ自由自在
2 スペース効率アップ
3 スタッキング機能アップ

**こだわり**

**こだわり1**
下までたっぷり！
・容器の基本的な形状を変更し、下部の容量を効率的に確保

**こだわり2**
ワンプレスロック！
・フタの真ん中のマークを押すだけで、パチンと簡単に閉じるワンプレスロック

**こだわり3**
冷凍からレンジ調理までOK!
・冷凍保存からフタごとレンジ加熱までできて、移し替えの必要なし。便利な目盛り付きで料理を作ってそのまま保存するのも簡単

**いっぱい入る深型サイズ**

## コンテナー正方形1100ml

内容量 1100ml
縦 156ml
横 156ml
高 83mm
53g

深さがあるから、おかずもたっぷり保存できます。

あらかじめ作っておいて、あとは食卓に出すだけ。

**食品に、キッチングッズに大活躍！**

## コンテナー正方形 700ml

内容量 700ml
縦 156ml
横 156ml
高 53mm
43g

食パンがぴったり入るサイズ、ランチBOXにも。

使いかけの野菜は
こんな風に保存して。

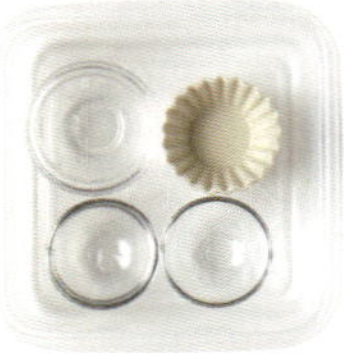

おやつ作りの道具は
まとめておきましょう。

**冷蔵庫内のちょっとして隙間にも入ります！**

## コンテナー長方形510ml

内容量 510ml
縦 80ml
横 156ml
高 83mm
26g

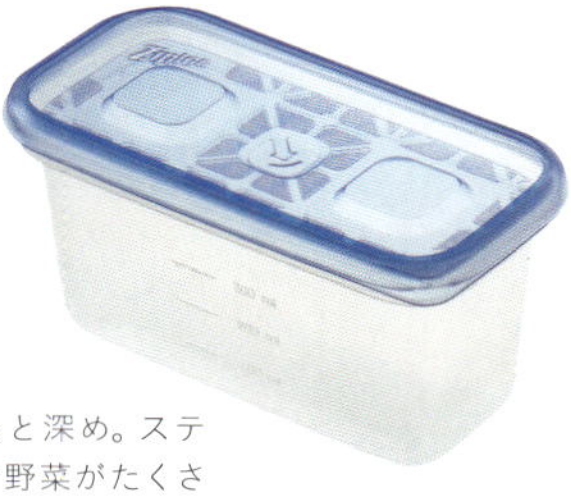

ちょっと深め。スティック野菜がたくさん入ります。

材料を入れておけば即席漬物の完成！

**スマートな細長タイプは収納に便利**

## コンテナー長方形 300ml

内容量 300ml
縦 80ml
横 156ml
高 53mm
21g

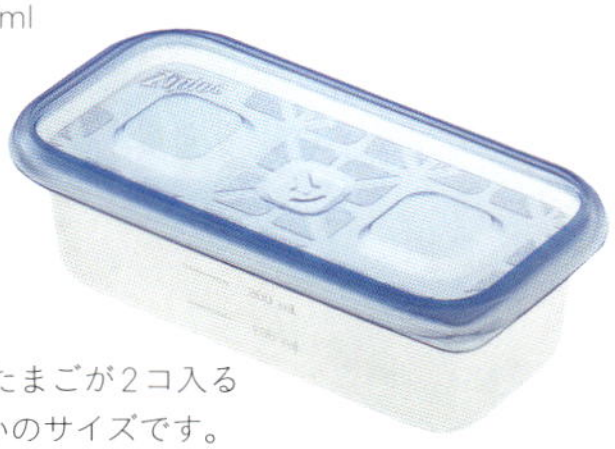

ゆでたまごが2コ入るくらいのサイズです。

お味噌汁の具を切っておけば便利！

クリップや文具入れに。子どもにちょうどいいサイズ。

**容量大きめだから大人数用の仕込みなどに！**

## コンテナー長方形1900ml

内容量 1900ml
縦 156mm
横 235mm
高 83mm
82g

大容量で行楽などのお弁当箱としても便利。

ホームパーティの準備や作りおき料理などに。

**薄型タイプは重ね使いに便利**

## コンテナー長方形1100ml

内容量 1100ml
縦 156ml
横 235ml
高 53ml
63g

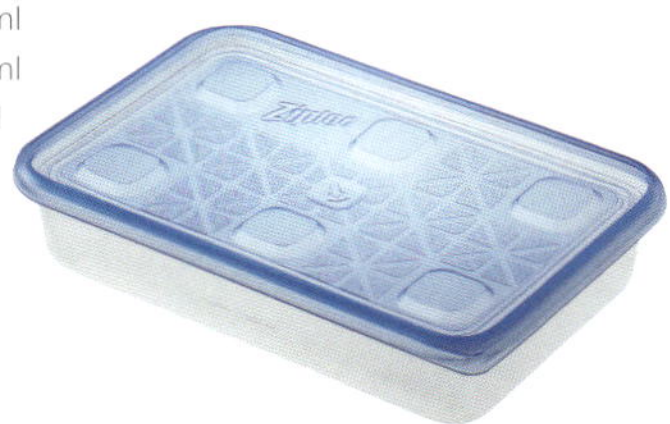

漬け込み料理やバットとして調理にも便利。

作って保存しておいてこのまま食卓に出せます。

**縦長タイプならたっぷり入る**

## スクリューロック730ml

内容量 730ml
縦 118ml
横 118ml
高 108ml
49g

フタを回してしっかり密閉が可能です。

一人分の小さなお弁当箱にも〇

ふりかけのパックは収納からそのまま卓上へ。

## ジップロック スクリューロック

※レンジでの過熱の際はフタをずらして使用する

### こだわり

**こだわり1**

密閉性が高く、液体が漏れにくい

・スクリュー式のフタでしっかり密閉できるから、汁ものも安心

・湿気を嫌う食品の保存にも便利

**こだわり2**

冷凍からレンジ加熱までOK

・冷凍保存からフタごとレンジ加熱までできて、移し替えの必要なし

・便利な目盛り付きで料理を作ってそのまま保存するのも簡単

**持ち運びにも便利なかわいいサイズ**

## スクリューロック300ml

内容量 300ml
縦 118ml
横 118ml
高 58ml
36g

ちょっとしたデザートを作る容器としてもOK！

小銭入れにしておけばこのまま買い物に行くことも。

お弁当にもう一品欲しいときなどにも活躍！

手芸用品など細かいものの収納に。

**使い勝手のよい人気サイズ**

## スクリューロック473ml

内容量 473ml
縦 118ml
横 118ml
高 80ml
39g

汁ものや粉ものの保存にも大活躍します。

スープの具材はあらかじめ切っておくとラクちん。

詰め替え用のカップヌードルをこんな感じでストック！

**大きめサイズで大量ストック**

## フリーザーバッグL

縦 273mm
横 268mm
厚さ 0.06mm

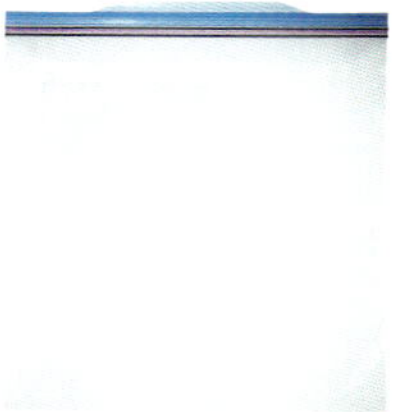

素材が厚手だから食材の酸化や乾燥を防ぎます。

大きめなスカーフやアクセサリーを入れてもOK！

おにぎりを冷凍しておくと何かと便利なお役立ちに。

日付を書いておけるのがうれしい。

大量に作って冷凍庫にストックが基本。

# ジップロック フリーザーバッグ

### バッグシリーズの特長

**1** つまみやすいオープンタブ

**2** ひとめで種類がわかる3カラー展開

**3** 中身が見やすい書き込みラベル

### こだわり

**こだわり1**
ダブルジッパーで液体も安心
・2種類のジッパーで液漏れが不安なカレーやミートソースもお任せ！
・2本のジッパーの間にディンプル（丸型の凸加工）がつき、閉まったことが実感できる

**こだわり2**
開閉しやすく、ストレスフリー
・指先感覚で「パチパチ閉まる」が分かるウルトラジッパー
・Open Tabと凹凸のあるすべり止めで開けやすい！

**こだわり3**
丈夫な素材で、冷凍からレンジ解凍までOK
・冷凍保存からレンジ解凍まで、移し替えの必要なし！
・厚手の素材で、食材を酸化や乾燥から守ります

**小さいサイズは食品保存以外でも大活躍！**

## フリーザーバッグS

縦 127mm
横 177mm
厚さ 0.06mm

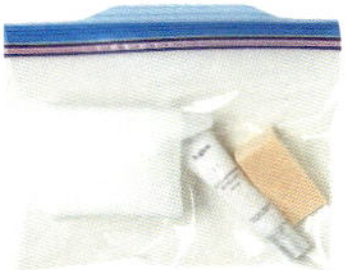

つまみやすいオープンタブでスマート開閉ができます。

日焼け止めやコスメ入れにも便利。

水出しコーヒーを旅先でも楽しめます。

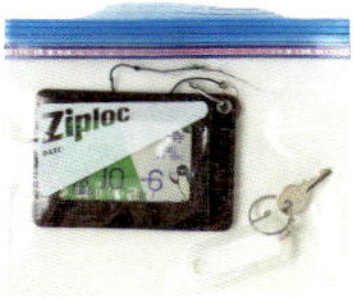


定期券とカギが鞄の中で迷子にならないように。

**定番サイズはいろいろ使える**

## フリーザーバッグM

縦 189mm
横 177mm
厚さ 0.06mm

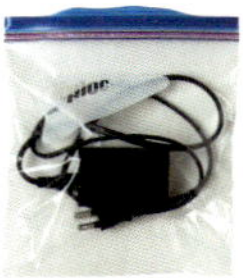

閉まった感覚がパチパチと指先に伝わります。

長くてジャマなコードを持ち歩くにはちょうどいい大きさ。

旬の季節のもの（ゆずの皮）は大量に仕込んで冷凍保存。

鉛筆をこんな風にまとめれば可愛く見える筆箱になります。

素材をカットしておけば手間が省けてカンタン調理。

# スタンディングバッグ

**大きなマチ付きで立てて使える**

## スタンディングバッグ

縦 143mm
横 268mm
マチ 88mm
厚さ 0.06mm

口が広くて自立するので液状食品も入れやすい。

湿気をシャットアウト！
線香花火は乾燥剤と一緒に。

# お手軽バッグ

**お手頃価格で気軽に使える**

## お手軽バッグ

縦 150mm
横 165mm
厚さ 0.03mm

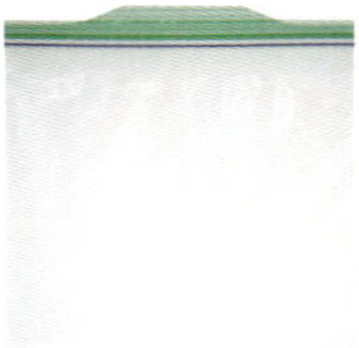

小物整理や持ち運びにどんどん使えます！

保険証や病院のカードもまとめてしまっておくと便利。

アクセサリーの整理や持ち運びにも。

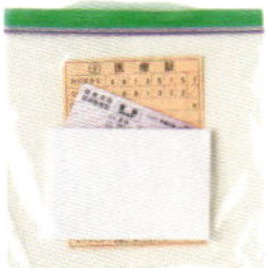

キャンディーやチョコなどおやつの保存にも活躍です。

# ストックバッグ

**冷蔵保存はもちろん、乾物類にも**

## ストックバッグL

縦 273mm
横 268mm
厚さ 0.04mm

食材の漬け込みや下ごしらえにも便利！

粉もの保存も効果を発揮。1キロ袋がすっぽりと。

湿気を嫌う乾物や海苔の丸ごと一帖保存に。

**小物整理に便利なサイズ**

## ストックバッグM

縦 189mm
横 177mm
厚さ 0.04mm

家の中の整理整とんにも便利なサイズ。

鰹節の少量パックなどちょっとした食材の保存に。

カラフルなテープは「見える収納」で。

**食材整理からアウトドアまで自由自在に**

## イージージッパーM

縦 177mm
横 203mm
厚さ 0.07mm

誰でも開け閉めしやすいスライドジッパー。

煮干しなどの乾物は小分けしてから保存。

スライドジッパーで出し入れラクラク。

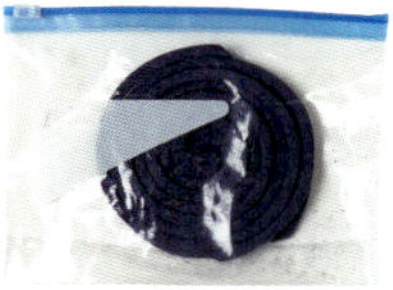

キャンプに持って行く蚊取り線香を入れました！

# イージージッパー

**スライドジッパーで、さらに開け閉めラクラク**

## イージージッパーL

縦 279mm
横 268mm
厚さ 0.07mm

内容や日付を書き込めば使う時に迷わず便利。

よく使う食材の保存に。

子どもの下着はまとめてしまって。

## 重ねて収納すれば場所を取りません！

ジップロック®の達人たちが教えてくれたのが、収納ワザの数々です。コンテナーとスクリューロックは、同じサイズはもちろん、異なるサイズ同士でも積み重ねてコンパクトにしておくことが可能です。

バッグシリーズは大きさと種類別にまとめてグラスに入れれば、ちょっとおしゃれな見せる収納にも。バッグinバッグでジップロック®をストックしている方も多数いらっしゃいました。スマートなアイデアで、スペースの有効活用ができたらうれしいですね。

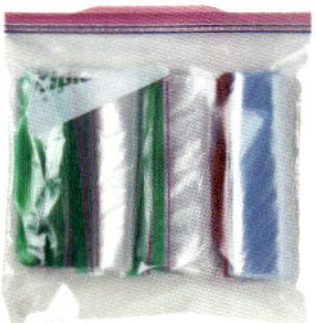

**バッグ**
異なるタイプのバッグをそれぞれクルッとまとめて。

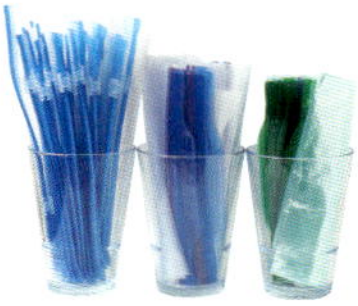

**バッグ**
サイズ別にしておくとサッと使いやすい。

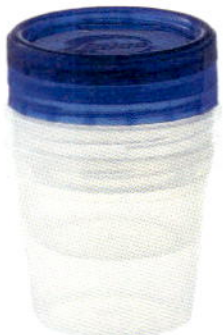

**スクリューロック**
フタを外して重ねれば場所を取りません。

**コンテナー**
異なるサイズ同士でも重ねてコンパクトに収納！

取材協力

旭化成ホームプロダクツ株式会社

www.asahi-kasei.co.jp/saran/products/ziploc/

デザイン

三木俊一(文京図案室)

撮影

柳原久子　※P114〜117以外

取材編集

今津朋子…おさよ(osayosan34)さん、中里裕子さん、
松本有美(ゆーママ)さん、山本ゆり(syunkon)さん

富永明子…浅田昌吾さん、片桐英昭・佳代さん、小永井里美さん、
熊崎靖子さん、児嶋和生さん、高橋祥子さん

前田亜季子(comete)…スガさん、松田尚美さん

和栗牧子…長澤淨美さん、マキさん

山下　崇…P118-125

DTP

Office SASAI

校正

麦秋アートセンター

編集

包山奈保美(KADOKAWA)

もっと使える！

# ジップロック®で暮らし上手

2016年8月 6 日　初版第1刷発行
2016年9月26日　第3刷発行

著者　ジップロック®暮らし上手編集部

発行者　川金正法

発行　株式会社KADOKAWA
〒102-8177 東京都千代田区富士見2-13-3
TEL:0570-002-301（カスタマーサポート・ナビダイヤル）
年末年始を除く平日9:00〜17:00

印刷・製本　株式会社廣済堂

ISBN 978-4-04-068624-0 C0077

Printed in Japan
http://www.kadokawa.co.jp/